上司は話し方が9割

部下のパフォーマンスが
130%上がる話し方のコツ

アチーブメント株式会社
主席トレーナー
佐藤英郎
Eirō Satō

アーク出版

本書をお薦めします

――WBCヘッドコーチ　白井一幸

WBC全勝優勝から1ヵ月が経ちました。栗山監督をはじめ大谷選手や村上選手など最高のメンバーが揃った侍ジャパンの中で、ヘッドコーチという役割を担うことができたのは何事にも代え難い貴重な体験でした。

新人やベテランが集う選手と監督・コーチ陣を繋ぐヘッドコーチは、チームビルディングの要です。期待と重圧、緊迫感が漂う試合展開が続く中で、メンバーの体調やメンタルを支え続けるのです。そしてメンバー一人ひとりが、どんな状況にあっても、それぞれ自分が持つ能力を余すことなく発揮できるチームが最高、最強の組織なのです。

私は今回のWBCで絶体絶命のピンチにあっても、自分を信じ、チームを信じ、結果を信じるメンバーの姿を目の当たりにしました。

本書の著者である佐藤先生は、私がコーチングを体系的に学ぶために受講したアチーブメントの講師です。先生の研修は楽しい。笑いあり、涙ありです。この本には先生の研修にもあるチームビルディングのエッセンスが凝縮されています。

以下に私がＷＢＣで学んだ要点をまとめておきます。あのとき、あのシーンを思い出していただけたら幸いです。

──ＷＢＣ開幕に向けて

戦いに挑む

従来の延長線では解決できない、結果が見出せないとき、次のステージに必要なのはチーム力。

チーム全員が志を持って目標を共有し、チーム全員がリーダーシップを発揮し、チーム全員が最後まで全力を尽くす！

それができたらチームのパフォーマンスは必ず上がる。

逆境を覆す

予想に反しての重苦しい展開、結果が出ない苛立ち、諦めを覆すターニングポイントは何か──。

意識して全力プレーをすることだ。
それも徹底してやり切る。凡事徹底という。
凡事徹底は周りを鼓舞し、賛同と共感につながる。
全力疾走、全力プレーの先に勝利が見える。

――**準決勝メキシコ戦9回裏　サードコーチ**（別名：10番目の野手）

最高から最強へ

立ち塞がる最強のライバル。実力は互角以上――。
そんなとき問われるのは「信じる力」だ。
まず自分を「信じる」。
次にメンバーを「信じる」。
そして結果を「信じる」。
3つの「信じる力」はメンタルに影響し、
タフな戦いを勝ち抜く力を与えてくれる。

――**決勝アメリカ戦**（9回表　クローザーに大谷登板）

「伝える」話し方ではなく「伝わる」話し方を

――アチーブメント(株) 代表取締役会長兼社長　青木仁志

ＡＩが加速度的に発展をしているなかで、人類は「人間にしかできないことは何か」という問いを投げかけられていると私は考えています。ただ部下に仕事を教え、評価するだけならＡＩにも可能かもしれませんが、上司が部下との信頼関係を構築し、部下の可能性を引き出す「真のマネジメント」はＡＩには成しえないことでしょう。

本書は「真のマネジメント」を行うための「ノウハウ」と「ドゥハウ」を体系的に学ぶことができます。机上の空論ではなく、私が最も信頼している研修講師であり、これまで25万人以上を育成してきた佐藤さんが実際に活用し、成果につながった「実学」です。そして、アチーブメントが提供するすべての研修の基礎理論であるアメリカの精神科医ウィリアム・グラッサー博士が提唱した「選択理論心理学」に基づいた内容です。

佐藤さんとは元々は友人です。友人としてお付き合いをしていくなかで、佐藤さんに私が経営するアチーブメント株式会社に来ていただきたいと思うようになりました。佐藤さんは当時、国際コーチ連盟（ＩＣＦ）マスター認定コーチとしてご自身で会社をつくり、研修講師として大活躍されていました。それでも私は佐藤さんと共に歩みたいと思い、何度も佐藤さんにお声がけをしました。佐藤さんも私の志に共感をしてくれ、２００３年に取締役として入社をしてくれました。私にとって佐藤さんは共通の価値観・目的をもつ真の協力者でありパートナーです。

佐藤さんは「伝える」話し方ではなく、「伝わる」話し方を心得ている本物トレーナーであり、超一流ですが、私が最も惹かれたのは、佐藤さんの人柄のよさです。表裏が無く誠実で、常に明るく、周囲の人も自然と佐藤さんのファンになっていきます。

佐藤さんの研修は、参加者が楽しそうで自然と主体的になり、自らの可能性に気づき、自ら変わろうと行動を起こします。参加者の可能性が引き出されていく光景は芸術作品といっても過言ではないでしょう。

今は変わりましたが、以前、会社では社長室の隣が佐藤さんの相談役室でした。佐藤さんはいつも楽しそうに部下と面談やミーティングをしており、部屋からは常に笑い声が聞こえてきます。若手からベテラン社員まで佐藤さんの部屋に入れば、皆、笑顔になり、本音本心でコミュニケーションがなされています。しかし、決して部下を甘やかすことはありません。ユーモアにあふれながら、仕事の基準は非常に高い。しかも、強制は一切なく、部下が主体的に自ら高い目標にチャレンジし、達成をします。その現象をつくり出しているのが、まさに、佐藤さんの部下の可能性を引き出す「話し方」です。

佐藤さんがアチーブメントに入社してくださった2003年は従業員20名、売上5億円だったアチーブメント株式会社も、それから20年が経ち、約10倍の従業員200名、売上50億円の組織に成長しました。佐藤さんの功績は計り知れません。

リモートワークが増え、価値観も多様化し、ハラスメントに対する意識も高まっている現代において、部下をもつ人にとって、本書は必読です。「真のマネジメント」を実現するための「やり方」と「あり方」を学び、読んで終わり、知って終わりではなく、実際に活用して成果に繋がったという現実をつくり出していただきたいと思います。

はじめに

本書の趣旨は「部下の能力を引き出し、部下をやる気にさせ、部下を効果的に育てるためにはどのような話し方が必要なのか」を示すことです。

上司とは、部下を介して仕事をする人のことです。すなわち、**部下のやる気や能力を引き出しながら、組織目標を達成するのが上司の仕事**なのです。

部下のいらっしゃる方なら、

「どうしたらもっと伝わるのか」

「もっと部下に自信を持たせるにはどうしたら良いのだろう」

ということに悩む経験は必ずしているはずです。そのような上司の悩みを少しでも解決したいというのが本書の目的です。

私自身34歳で起業し、44歳で倒産。その後様々な人材開発にかかわり、現在アチーブメント株式会社で約２００人の社員とともに働いています。その間約25万人の人材開発に携わってきました。

当初、私は、上司の仕事とは「教えること」だと考えていました。

まったく結果が出せませんでした。

しかしその後、上司の仕事は部下からやる気や能力を「引き出すこと」とパラダイムシフトしてから、驚くほど部下を育成することができ、さらに人間関係も格段に良くなりました。

部下を育て、組織目標を達成する上司になるためには、まず部下の目的や思い、考え方を理解し、やる気や能力を引き出す話し方を学び、身につけることです。


本書は読者からご好評をいただいた『部下を引きつける上司の会話術』(アーク出版・2003年)を、時代に合わせて全面的に改変したものです。

最近の働き方改革、あるいはリモートワークの導入、パワハラ防止法の導入などの制度面の変化や、働く人自身の意識の変化などにより、上司と部下との人間関係は、かつてないほど希薄なものになっています。

そんな激変するビジネス環境の中でも、これまでと同様、情熱を持って部下を育てようと奮闘していらっしゃる上司の皆さんがいます。そんな方々に、本書は必ず役立つと信じています。

本書を世に送るにあたって、ＷＢＣで日本を世界一に導いたヘッドコーチ、白井一幸さんが推薦文を寄せてくれました。

白井さんは私の研修も含めアチーブメントが主催する公開講座を受講し、その後私が会長を務めるＪＰＳＡ（日本プロスピーカー協会）のプロスピーカーにもなってくださり、本書でも触れている選択理論心理学をスポーツ界にも広め、選手への外的コントロールをなくそうと活躍してくださっています。紙面上ではありますが、心からお礼を申し上げます。

さらに、弊社の青木仁志代表取締役会長兼社長ＣＥＯからも心温まる推薦文をいただきました。あわせて感謝申し上げます。

断言します。**あなたの話し方が変わるだけで部下は飛躍的に育ちます。**

では、始めましょう。

２０２３年４月

佐藤　英郎

目次

1章　部下に伝えるために大切なこと

2章

部下を内面から動機づける

3章

部下の心を開かせる話し方

4章

部下をやる気にさせる話し方

5章

部下に自信を持たせる話し方

カバー装丁／石田嘉弘
本文デザイン・ＤＴＰ／丸山尚子

1章

部下に伝えるために大切なこと

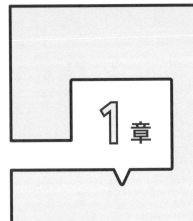

1-1 わかりやすく、簡潔に、印象深く

あなたの言葉が正確に「伝わる」ために必要なこと

大勢の前では、自分が伝えたかったことが正確に伝わったかを確認することができません。そこで必要なのが、伝えたかったことがそのまま伝わる話し方です。やさしく、主題を明確にし、イメージが湧くように話し掛けると、うまくいきます。あとはこれの応用次第です。

コミュニケーションにおいて大切なのは、「何を伝えたか」ではなく「何が伝わったか」です。伝えたいことが、そのとおりに伝わっていないとしたら、そのプレゼンテーションは成功したとはいえません。

人はあなたの言葉を自分なりのパラダイムで聞いて、自分なりの解釈をします。とくに大勢の部下の前で話をするとき、部下はそれぞれの解釈で自分なりの受け取り方をする、

ということを知らなければなりません。一対一で話す場合には、伝えたいことが正確に伝わったかどうかは、その都度確認することができますが、大勢の部下の前ではそうはいきません。そこで、大勢の部下に対して、伝えたいことができるだけそのまま「伝わる」ための工夫が必要になります。具体的には次の3つです。

・わかりやすいこと
・簡潔であること
・印象深いこと

それぞれについてもう少し詳しく説明しましょう。

わかりやすいこと

部下に説明する時には、部下と同じ目線で、部下にわかる言葉で具体的に話さなければなりません。よく会議やプレゼンで、誰にもわからない専門用語を駆使して、一人悦に入っている人がいますが、こういう人は必ずと言ってよいほど成果を上げない人です。なぜなら、相手の立場に立てないからです。誰でもわかる言葉を使うことです。

キャリアのあるあなたが新入社員に向かって、

「エフェクティブなプロポーザルは、カスタマーオリエンテッドにもとづいてストラクチャーが作られていることが必要で…」

と言ったらどうでしょう。あなたには当然の言葉であっても、多くの新入社員はよくわからないでしょう。

「効果的な提案はお客様の立場に立って作られる必要がある」と言えばよいのです。

ソニーの故・出井伸之社長は、「学者はやさしいことを難しく表現するが、ビジネスはこれではいけない。難しいことをやさしく言わなければならない」と指摘しています。また、イトーヨーカ堂の創業者伊藤雅俊氏は「難しいことを言う人は、何もわかっていないんだよ」と言っています。極めつきの言葉でしょう。

簡潔であること

話は簡潔で短いほど相手に正確に伝わりやすいもの。しかし、短ければ短いほど難しくなります。

「いくら長くてもいいなら即座にできる。30分の演説なら準備に1週間いる。一番手間をとるのは5分間演説。準備には2週間かかる」

と言ったのは、演説の名手、アメリカ第28代大統領ウィルソンです。

南北戦争の激戦地・ゲティスバーグでの第16代大統領リンカーンの戦没者追悼演説はあまりにも有名です。そこで使われた「人民の、人民による、人民のための政治」というフレーズを知らない人はいないでしょう。この演説は全文272語、時間にしてわずか3分間に過ぎませんでした。

簡潔な表現は、鍛えられた人の身体のように、無駄がなく引き締まっています。長く冗長なプレゼンは、聞いている人にとって何がポイントなのか、どこが重要なのかがつかみづらく、そのうち自分なりの解釈をする余地が大きくなり、聞くのが面倒になってきます。

簡潔な表現にするコツは、もっとも言いたいこと、すなわち主題を、1文にしてみることです。

主題が明確でないまま話し出すと、内容がボケて全体があいまいになってしまいます。聞いているほうにしてみると「要はなにが言いたいんですか？」ということになります。

「部下を承認する」
「3コール以内に電話をとるよう徹底する」
「会議での遅刻をなくす」

というように、1文で言うなら要は何を言いたいのかを明確にし、話している間も自分のプレゼンテーションがそこからズレていないか、心の中で絶えず客観的に検証するのです。

もし、**3分の時間があればその理由を入れます。10分あれば自分の体験やデータも入れます。20分あれば、できるだけ具体的事例も入れます。**

このようにして時間を調節するのですが、大切なことは一番言いたいことに、いつも戻ってくることです。そうすれば、時間は短いにこしたことはないが、たとえ少しくらい長くなっても、言いたいことは、簡潔に相手に伝わります。

印象深いこと

20世紀のはじめ、人間の記憶に関して有名な実験を成功させたドイツの心理学者にエビングハウスという人がいます。彼は多数の被験者に先入観のない記号や文字、図形等の客観的な情報を与え、一定時間後にどのくらい記憶が残存するかの膨大な統計を取り、その結果「エビングハウスの忘却曲線」という図表を残しました。

それによると、人の学習の記憶は20分後には40％忘れ、9時間後には65％忘れ、6日後には80％を忘れるというのです。

プレゼンテーションは、聞き手の心に残るよう印象深く伝えなければ、エビングハウスの忘却曲線のようにすぐに忘れ去られてしまいます。では、相手の印象に残る話をするためにはどうしたらよいでしょうか。

何より、イメージが浮かぶように具体的に話すことです。**話を「絵」で描く**のです。聞いている人は、あなたの言葉は忘れてしまうかもしれませんが、頭に焼きついたイメージはなかなか忘れません。

たとえば、単に「会議の時間に遅れるな」と言うよりも、「誰かが会議の時間に遅れると、みんなが心配するし、なんとなく気になり、すぐ集中することができない」というと、みんなが心配している様子や、会議に集中できていない様子が目に浮かびます。

アポイントをとらない営業マンに、ただ「アポイントをとれ」と言っても、動きません。

「お客様はどんなに喜んでくれることか」

「売上げを上げたら、君たちの奥さんになんていうつもりだ。きっと喜んでくれるだろうね」

などというと、イメージがすぐに浮かびます。

プレゼンをするときには、伝えたいことが、相手にイメージとして伝わるように工夫しましょう。

ポイント

印象に残る話をするには、「絵」に描いたように具体的に話すこと

1-2 「事実」と「解釈」とを混同しない

事実は一つだが、解釈は無数に考えられる

人は自分なりの解釈で発言したり、行動しがちなもの。ただ、事実は一つなのに、解釈は無数に考えられます。自分が下した解釈が間違うこともあります。自分が言おうとしていることが事実なのか解釈なのかを絶えず見直し、解釈のときは、相手の反応によって対応を変えるだけの柔軟性を持ちましょう。


「事実」と「解釈」とは異なります。

コミュニケーション上の問題の多くは、この両者の混同から生じます。

たとえば、部下があなたに「あなたが嫌いです」と言ったとしましょう。あなたならどう反応しますか。腹をたてる、言い返す、無視する、「なぜか」とたずねる。さまざまな反応が考えられます。

ここで、注意しなければならないことは、部下の「あなたが嫌いです」というのは、彼の「解釈」に過ぎないということです。何かの事実が積み重なって、そういう解釈になっているだけなのです。そして、彼が言ったその言葉をどう受け取るかも、それはあなたの「解釈」なのです。

人は言葉ではなく、自分の解釈によって傷つく

もし、あなたが部下の言葉を「どうってことない」という解釈で受け取れば、それはあなたにとって「どうってことない」。もし、あなたが「傷ついた」と受け取れば、あなたは傷つくのです。つまり厳密に言うと、人はあなたを傷つけることはできません。人の言葉や行為はきっかけであって、問題はそれをどう解釈するかという「**自分の解釈が自分を傷つける**」のです。

「事実」とは、現に存在するものとして私たちの前に現れているものを言います。これに対して「解釈」とは、あなたなりの価値観を通した判断、理解なのです。

「事実」は常に一つ。これに対して「解釈」は無数に考えられます。

たとえば、次ページの図を見てください。これはルビンという人が1921年に発表し

た「盃と顔図形」です。見方によっては盃にも見えるし、二人の人間の横顔にも見えます。

あなたが言おうとしていることは「事実」か「解釈」か、絶えず見直してみる必要があります。

あなたが部下に「なんて、物わかりの悪い奴だ」と言いたくなったとしましょう。あなたはそれを「事実だ」と考えるかもしれません。しかしそれは、その時点でのあなたの「解釈」でしかありません。ひょっとするとあなたの判断、理解にこそ問題があるかもしれない。あなたには、彼のできる部分が見えていないのかも知れないのです。

図表1-1　ルビンの壺

　部下に「あなたは間違っている」という前に、そもそもあなたにそう思わせている事実は何かを確認してみる必要があります。そして、その解釈こそ間違っていないか見直してみることが大切です。

一度出来上がった解釈は「強化」され、だんだんと強固なものになっていきます。他の解釈の余地がないほど強固になった解釈を「思い込み」といいます。

「解釈」にもとづいた思い込みは人の目を曇らせる

以前、私の部下に、言っても言っても営業に出ない営業マンAがいました。言うことは理路整然としていて緻密なのに、営業に出ないのです。当然、成果は上がりません。私は彼を何度叱ったかしれません。「いいかげんにしろ」「辞めるんだったら辞めてもいいんだ」——。私の中で、「Aは仕事ができない部下」という思い込みが出来上がっていました。顔も見るのもいやになった時期もありました。

ある時、大口のクライアントに企画書を出すことになりました。彼がやらしてくれといいます。私は断りました。営業で成果を挙げている別の社員Bに頼んだのです。数日経って、Bの企画書を見ましたが、あまりよくありません。ところがAが企画書を見てくれと持ってきたのです。

どうせ、たいしたことないだろうとたかをくくって見て驚きました。見事な企画書です。クライアントの問題点を正確につかみ、自社研修がいかに課題解決に有効であるかを、今までの分析結果にもとづいて、きわめて自然に、しかも力強く検証しています。早速、その企画書を持って相手企業の担当者と会いました。

数日後、研修依頼の返事が届きました。

私は、彼に詫びました。私は彼のことを、仕事のできない人とみなしていました。また、私の研修をあまり認めていないとすら思うようになっていました。恥ずかしかったです。彼はただ人に会うのが苦手なだけで、仕事ができないというのは私の思い込みに過ぎなかったし、誰よりも私の研修を売ろうとしていたのです。

「事実」と「解釈」を混同してはいけません。

できるリーダーは、両者を区別し、解釈を伝える時には、それが解釈にすぎないことをわかったうえで伝え、相手の反応によって柔軟に対応する必要があるのです。

ポイント

話す内容が「事実」なのか「思い込み」なのか常に検証する

1-3

“わからせる”“理解させる”責任は上司にある

「なぜわからないんだ」と責めるのではなく、どうしたらわかるか対応を考える

上司は「責任者」としての自覚を持ちましょう。周りで起きていることは、すべて自分が作り出したものです。部下が指示どおりに動かないのは、部下が悪いのではなく、わからせていない自分に責任があると考え、効果的なコミュニケーション手段は何かを練り直しましょう。

「責任」と聞くと少し気が重い感じがします。責任がある、責任をとるというと、何か事件が起きたときに、人を責めたり、責められたりというイメージがあるからです。

しかしここで述べる「責任」というのは、そういう意味ではありません。「take ownership」とでも言うような、「自分が源としての意識と行動を持つ」ということです。すなわち、自分が作り出している、自分から発しているという意識と行動のことです。

成果があがっていないとき、人はその責任を誰かのせいにしたがります。上司が悪い、部下のせいだ、会社に責任がある…。いずれも自分に、そのことに対するオーナーシップがありません。

「責任」をとっていないとき、人は被害者意識に陥ります。被害者意識というのは、その結果は自分以外の誰かが作ったものであり、自分は何も悪くない、だから自分は何も変わる必要がないという意識のことです。

誰かのせいにするのは「リーダーとして自分は無力」と宣言するようなもの

私たちにとって、被害者を演じることは小さい頃からの習慣です。ものごとがうまくいかないとき、子供は誰かのせいにすることによって、両親や大人の怒りを避けようとします。時には傷ついたふりをしたり、利用されたと言ってみたり、その場から逃れようとします。被害者になると、それは言葉に現われます。

「誰々のせいだ」
「何々された」
「誰々がしなければならない」

これらの被害者言葉が出てきたら要注意です。

言葉は意識を作り出します。すると、ますます被害者になっていく。自分は被害者だから何も悪くない。みんな他の人のせい…。この思いの行き着く先は、自分は何もしない、自分は変わらないと宣言しているようなものです。

これでは自分が成長しないだけでなく、周りからの信頼も得られません。「リーダーとして自分は無力です」と言っていると同じです。

人事異動の時期になると、多くの管理職が誕生します。希望に燃える者、責任に押し潰されそうな者、人それぞれです。しかし、責任の範囲が大きくなった分、現実も厳しく、徐々に被害者になっていく管理職も多いものです。

管理職になるまでは自分のことだけ考えていればよかったのですが、部下ができると部下の成長も考えなければなりません。思うように部下が動いてくれないと、「こいつのために」とついグチがこぼれます。そうなると、ますますうまくいかなくなります。

リーダーは「責任者」でなければなりません。すなわち**周りで起きている良いことも悪いことも、すべて自分が作り出している**という立場をとらなければならないのです。そういう意識で自分と周りを見てみると、自分にできることが無数に見えてくるはずです。

部下とのコミュニケーションにおいても、相手の言ったことを理解する責任は上司である自分にあるとの立場をとり、効果的なコミュニケーションの仕方を考えましょう。自分の言ったことが部下に伝わらないとき、「なぜわからないんだ」と相手のせいにするのではなく、わからせていない責任は自分にあるとの立場をとります。そして、どうしたらわかるのかの戦略を練り、対応を変えていくのです。ですから、言葉としては、

「私にできることは何か」

「私が何とかします」

「私の責任です」

と、言ってみましょう。

リーダーは責任の法則に生き、責任ある言葉を使わなければならないのです。

ポイント

リーダーは「責任者」。責任者とは周りで起きているすべてに責任を持つ者のこと

1-4

メッセージを効果的に伝えるには

部下の心にストレートに響き、やる気を引き出す伝え方とは

同じほめ言葉でも、言い方一つで受け手の印象は大きく異なります。伝え方で印象が変わるなら、言われた部下が、嬉しさが倍加するような伝え方をしたいもの。部下の行動によって、自分が、どのような影響を受けたかを伝えるとよいでしょう。

ほめるとき、何を主語にするかによって3種類の伝え方があります。それによって、相手への伝わり方が違ってくるのです。部下のやる気を引き出そうとするなら、それぞれの違いを知っておきたいものです。

上司の評価を伝える「あなたメッセージ」

日常的にもっとも使われるほめ方です。

「君の挨拶は声が大きくてすばらしいね」

「君の企画書、なかなか良く出来ていたよ」

「今回の件では、よく頑張ったね」

一般に**「あなたメッセージ」**といわれるものです。あなたも言われた経験があるでしょう。この場合の主語は「あなた」です。

ほめられた部下にとっては確かに嬉しいものです。しかし、「あなたメッセージ」は伝える側からの相手に対する評価なので、受け手が素直に受け取ってくれるかはわかりません。

また「あなたは〜だ」といった後に、さらに何かが続きそうな印象を与えるだけに、一歩間違うと裏があるのではないかと受け取られかねません。だから、言われた方はつい「いいえ、そんなことはありません」と否定したくなるのです。

これは、言われた側の謙遜の気持ちもありますが、言い方にも問題があります。

さらに、「あなたメッセージ」は一種の評価でもあるので、「君を認めている私は、君より偉い」ということになります。なので、「あなたメッセージ」は目上の人には用いません。

「あなたメッセージ」で部下の納得とやる気を引き出すためには、事実をそのまま脚色することなく素直に伝えることが不可欠です。

「この件に関してはほんとうに頑張ったね」

と微笑みを浮かべ、実感を込めながら真正面から見据え、キッチリと伝えるのです。

自分の受けた影響を伝える「私メッセージ」

部下にとってはもっと嬉しく、やる気の出る伝え方があります。「私」を主語にして伝えるのです。

「今期はほんとうに頑張ってくれたね。僕も負けられないと思ったよ」

「君のレポートには僕も考えさせられたよ」

「君が常務にほめられて僕も嬉しかった」

このような伝え方を**「私メッセージ」**といいます。

このほめ方は非常に強いメッセージ性を持っています。部下の行動そのものの評価ではなく、そのことによって、上司である自分がどういう影響を受けたのかを事実として伝えているからです。

上司の気持ちの中に生じた事実ですから、部下にとっては否定する立場にありません。それだけに「私メッセージ」は、部下の心にストレートに響きやすく、部下と上司との間に強い共感を作り出します。

部下にとっては自分の行動の上司への影響力を知ることができ、嬉しさはより大きくなるのです。

わたしの尊敬するある営業教育コンサルタント会社の社長さんと飲んだ時のことです。そこの幹部の人たち4～5人も一緒でした。

その社長さんはわたしにその幹部を紹介する時、はっきりとこう言ったのです。

「わたしの誇りにする人たちです。わたしは彼らを心から尊敬しています」

幹部の人たちは、仕事が終わったあとその場に駆けつけてくれたということで、時間はすでに午後10時をまわっていました。にもかかわらず、彼らの顔は活き活きしており、溌剌としています。

社長さんと幹部の人たちとの間の強い連帯と共感を見た思いで、深い感銘を受けたものです。

部下の喜びが倍加する「私たちメッセージ」

「私メッセージ」をさらにすすめたものです。

「会議でのプレゼンテーション、説得力あったね。出席者はみんな感銘を受けたって言っていたよ」

「君のいない間淋しかったよ。オフィスの中が、火が消えたみたいで、他の連中も淋しがっていたよ」

「私たちメッセージ」を通して、部下は自分の行動の影響力の拡大を体験できるだけでなく、チームに対する自分の貢献を知るのです。伝えられた部下の嬉しさとやる気はさらに高まります。非常に高度なほめ方です。

「私たちメッセージ」の変形に**「第三者メッセージ」**というのがあります。第三者による伝聞という形で伝えるのです。

「部長が君のこと、とてもほめていたよ」

信憑性が高いだけに、その第三者が、部下にとって、ほめてほしい人であればあるほど効果性は高くなります。

図表1-2　主語を変えるだけで伝わり方は大きく変わる

あなたメッセージ

上司　とうとう新規事業が立ち上がったね

部下　ええ

上司　それにしても、粘り強く頑張ったね

部下　ええ

私メッセージ

上司　とうとう新規事業が立ち上がったね

部下　ええ

上司　それにしても、粘り強く頑張ってくれたね。私も感動したよ。君には教えられたよ

部下　ありがとうございます。恐縮です。部長のサポートのおかげです。これからも、宜しくお願いします

私たちメッセージ

上司　とうとう新規事業が立ち上がったね

部下　ええ

上司　それにしても粘り強く頑張ってくれたね。役員のみんなが感動したって言っていたよ。君には教えられたってね

部下　ほんとうですか。それは光栄です。部長のサポートのおかげです。これからも、会社のために頑張ります

＊　＊

それでは、「あなたメッセージ」「私メッセージ」「私たちメッセージ」が具体的にどう違うかを体験してみましょう（前ページ図表参照）。

当事者である部下になったつもりで自分の気持ちの変化を味わってみてください。

ポイント

部下をほめるなら、嬉しさが倍加するような伝え方をする

1-5 話す前に聞くことを学ぶ

四の五の言う前に、まず部下の話に耳を傾ける

部下のやる気を引き出したくない、という上司はいません。ところが、上司の関わり方が下手なばかりに、部下のモチベーションを下げるケースがよくあります。とくに話を聞いてもらえないと、部下のやる気は失われます。上司は口を開きたくなったら、ぐっと抑えるぐらいがちょうどよいのです。

誰しも自分が管理職になったら何をどう話そうかと考えます。

先日もある会社を訪問した際、管理職の方から相談を受けました。

「部下にどんな話をすればやる気になってくれるのでしょう。教えてください」

私は彼に聞きました。

「何を話しているんですか？」

「いろんな話をしているんですけれど…。時にはハッパをかけたり、時にはイライラして怒鳴ってしまうこともあります」

「それで部下はやる気になるんですか？」

「いや、一向にやる気が見られず困っているんです」

私は彼に質問してみました。

「視点を変えてみましょう。あなたなら、上司からどのようにしてもらうとやる気になりますか？」

「そうですね。認めてもらったときや話を聞いてもらったときですね」

「やる気がなくなるときは？」

「話を聞いてもらえず、ただ『やれ！』と言われると、とたんにやる気がなくなってしまいます」

「部下の話を聞いていますか？」

「聞いているつもりなんですが…」

部下はどうしたらやる気になるのでしょうか。部下を動機づけ、やる気にさせることが上手い管理職と下手な管理職とでは、何がどう違うのでしょうか。

抽象的な議論は無数にありますが、一方の当事者である部下自身に直接聞いてみることが参考になります。

私はよく新任の管理職研修や中堅社員研修の中で、「やる気を奪う上司の条件」というテーマでディスカッションしてもらうことがあります。

「部下のやる気を引き出す方法」とすると、キレイごとや建前しか出てきませんが、「やる気を奪う」という否定的な方向からアプローチすると、彼らの本音が次から次へと出てきます。

その中で、毎回もっとも多いのが「話を聞いてもらえない」です。要するに、部下にとって、上司に話を聞いてもらえないことが、もっとも辛く、やる気がなくなるというのです。

部下は自分の話を聞いてもらえないと、上司の話にも耳を貸さない

部下のやる気を引き出したくないという上司はいません。どんな上司も、部下のやる気をもっと引き出し、良い仕事をしてもらいたいと思っているはずです。

部下の方も今よりもっと前向きに仕事に取り組み、良い仕事をしたいと思っています。

両者の思いは一致しているはずなのに、上司の関わり方が間違っているばかりに、部下のやる気をどれだけ失わせてしまっているでしょうか。

まず、しっかりと押さえておかなければならないことは、部下に限らず「人は話を聞いてもらいたい」という気持ちをもっている、ということです。人に話を聞いてもらっている間に、いま抱えている案件を整理し、問題点に気づき、優先順位を決め、自分の中でやる気を作り出していくのです。

つまり、人は話を聞いてもらってからでないと、他の人の話を聞けません。上司は部下をやる気にさせようと思ったら、四の五の言う前に、まず話を聞くことです。何をどう話すかは、その後の問題です。

上司が部下の話を聞かない具体例を挙げてみましょう（次ページ参照）。よく目にする光景ですが、部下のやる気を確実に奪う例です。

「まず聞く」ことのメリットは他にもある

上司が部下の話に真剣に耳を傾けることは、部下のやる気を引き出すだけでなく、上司と部下の間や職場の雰囲気にさまざまな効用をもたらします。

図表1-3　上司が部下の話を聞かない具体例

○ 相手の話を最後まで聞かない

- ああ、もうわかった
- 時間がないんだ
- さっき、聞いたよ
- 言い訳は聞きたくない

→ 相手の話を制止してしまう

○ 相手の話し方を批判する

- 結論だけでいい
- 要するに何が言いたいんだ

→ 話の腰を折ってしまう

○ 部下の目を見ない。他のことをしながら聞く

→ 部下の声に耳を傾けようという姿勢がない

○ まず、否定から入る

- それでうまく行く訳ないだろう
- そんなこと、とっくにやってみたよ
- 出来るわけないだろう

→ 部下は二度と新しい提案をしなくなる

○ そもそも話を聞かない

- 忙しいから後で
- 今度にしてくれ
- わかった、わかった、そのうちに

→ 聞くことが部下を育てるうえでいかに大切かがわっていない。上司失格である

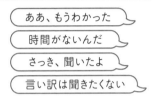

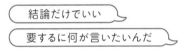

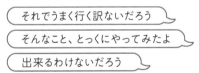

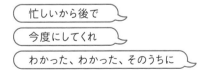

部下から信頼される

人は話を聞いてくれ、自分の気持ちをわかってくれる人のことを信頼します。信頼できる上司の下で、部下は始めて心を開き、そこからやる気を発揮し始めるのです。

悪いものを含め、たくさんの情報が集まる

特に否定的な情報が集まることが大切です。

話を聞かない上司の元には情報が集まりません。たとえ、集まったとしても、良い情報しか集まらない傾向があります。これでは危機管理の面からも問題です。

職場の風通しが良くなり、人を活性化する

自由にモノが言える職場は、そこにいる人たちを活性化させます。また、あらゆる問題が共有化され、問題解決能力の高い職場になっていきます。

＊　＊

リーダーはまず話を聞くことが大切です。話したくなったら、グッと自分を抑えるぐら

いがちょうど良いのです。

「あの上司は話を聞いてくれる」

「～さんは私たちの気持ちをわかってくれている」

という評判をとることが大切です。

リーダーは自分が口を開く前に、「話さない話し方」を学ばなければなりません。

ポイント

部下に話を聞いてほしいなら、部下の話を聞く上司になる

1-6

会話の目的を明確に持つ

部下に何を伝えるかという意識を持ち、それに相応しい方法を探る

部下との会話を意味あるものにするには、会話を始める前に作り出したい目的をはっきりさせましょう。そして、目的に相応しい内容かを絶えずチェックしながら会話をリードします。感情の赴くまま、あるいは成り行き任せの会話では、目的の結果は得られません。


ある公開研修でのことです。

その研修は、エクセレントリーダーを育成するための公開研修で、予定された参加者は約40人。午前9時開始です。

いつものように8時半少し前に会場に着くと、大勢の人が会場の入り口で待っています。研修案内の表示もなされていません。

おかしいなと思い、管理人さんから鍵を受け取り、取り急ぎ研修室の中に入ってみますがスタッフは誰も来ていません。挙句、研修の準備もまったくなされていません。

一瞬にして頭に血が昇離ました。

「何やってんだ！　遅刻にもほどがある。お客様が待っているんだぞ！」

参加者の方に、もう少しで受付を開始する旨を伝え、まず研修室の机の整理からはじめました。

そうこうしている間に2人のスタッフが息せき切って部屋に入ってきました。同じ車に同乗してきたようです。「スイマセン、スイマセン、申し訳ありません！」と頭を下げる彼らの背中を見ながら、私は怒鳴りたい気持ちを抑え考え方を変えました。

いまやらなければならないことは、準備をして参加者を時間どおりにお迎えすることです。スタッフを叱ることではありません。スタッフには受付の準備、教材の準備、貼りものの準備など指示を伝え、どうにか開始5分前に参加者を会場にご案内することができました。スタッフも私も必死でした。

そして、研修は時間どおりに始められました。何とかお客様にご迷惑をかけないで済みました。

私の気持ちも参加者に話をしているうちに徐々に落ち着いてきました。

人と人との会話、すなわちコミュニケーションは、あくまで手段であって、それ自体が目的ではありません。とくに上司から部下への話し方には目的を持って臨むことが大切です。その会話から何を作り出したいのかを明確にするのです。

その目的は会話の結果を左右します。

会話が目的に相応しいか途中で確認し、終わったら必ず評価する

この場合、スタッフを叱ることが会話の目的だったら、私はその場で部下をとことん叱っていたでしょう。その結果、部下を叱るという成果は手にしたでしょうが、部下も萎縮してしまい準備は間に合わなかったかもしれません。

しかし、そこでの真の目的は会場を作り、参加者をお迎えし、時間どおりに研修を始めることです。そして、目的どおりの結果を手のすることができたのです。

リーダーは明確な目的を持って会話をリードしなければなりません。すなわち、会話をする前に、作り出したい結果を想定し、途中で内容を確認し、終わったあと評価するのです。作り出したい結果に焦点を当てていれば、感情の赴くままの、あるいは成り行き任せ

の会話はしません。

部下をほめるとき、叱るとき、指示を与えるとき、何気ない話をするとき、あるいは会議で発言したり、クライアントにプレゼンするとき、相手が一人の場合も大勢の場合もあるでしょうが、あらゆる場面で目的を意識します。作り出したい目的がまずあって、それにふさわしい会話かどうかの戦略を練るのです。

あなたが、新任の管理職だとしましょう。

たとえ、**仕事が多忙で疲れきっていたとしても、部下の前で「疲れた」とグチをこぼしてはいけません**。なぜならあなたの目的は任されたセクションを活性化することだからです。あなたの会話が目的に沿ったものなら、あなたは自分が疲れていても、そんなことはおくびにも出さず、「今日もがんばろう」と部下を励ますでしょう。

会話の途中で現在進行中のコミュニケーションが目的に沿っているかどうかを確認する方法として「**メタ・コミュニケーッション**」というスキルがあります。

メタとは、英語の接頭語で「上から」「距離をおいて」などの意味です。すなわちそのコミュニケーションを、少し距離をおいて客観的に観察してみるのです。もし、目的に沿っていなさそうなら、そのことを相手に伝えればよいのです。

「僕の言い方は少し強引ですか？　もしそうなら言ってください」

「お互いに遠慮しすぎているように思うんだけど、どう？」

「僕の言いたいことは伝わっている？」

メタの位置からコミュニケーションを見て気づいたことを相手に伝え、聞いてみるのです。そうすることで、目的に沿っていないならコミュニケーションを仕切り直し、会話を建設的な方向へコントロールすることができるでしょう。

リーダーになったら、会話の目的をたえず明確に意識しましょう。それだけであなたの会話は意味に満ちたものになり、多くの実りを手にすることでしょう。

ポイント

部下との何気ない話でも、何のための話なのか目的を意識する

1-7 大勢の部下を納得させる話し方

理屈ではなく感情への働きかけを

自分自身が納得いかないことでも、部下の前では言わなければならないことがあります。「会社の方針」といえばそれまでですが、これでは誰も納得しません。部下の納得を得るためには、上司は自分の言葉で、自分の気持ちを正直に伝えてみることです。

上司は部下にさまざまな指示をします。

上司―部下というのは組織の中における指示命令系統ですから、部下が上司の指示に従うのは当然です。大切なことは部下が心からそのことに納得しているか、ということです。ただ言われたからその指示に従うのか、あるいは本当に納得して従うのかは、後々大きな差となって現れてきます。

クリントン元アメリカ大統領は「大統領は説得業だ」と言ったそうですが、リーダーは組織を運営し、部下に良い成果を上げてもらうために部下を説得し、納得を勝ち得ることができなければなりません。たとえば、大勢の部下の前で言いにくいことを言わなければならないとき、部下に「納得」してもらう話し方とはどのようなものでしょうか。「会社の方針だ」とか、「上が決めたことだから」というのは論外です。自分の言葉で語らなければなりません。

福島県郡山市にあるA社は電気機器販売の会社です。ビル、マンション等のエレベーター、空調機の販売が売上げ全体の7割を占めますが、20年ほど前からパソコンの販売を始めました。一時はかなりの売上げをつくりましたが、ここ3〜4年は目標を達成することができていません。東京資本のディスカウントショップの進出が大きな原因です。

それでも約10名の営業部隊の必死の売込みが続きました。各電気店への張り付きから、運送、果てはポップ書きまで、ありとあらゆることをしてきました。郡山では老舗であるという誇りが彼らを動かしてきたのです。

その後、中古部門の売上げが少し回復してきた矢先に会社が出した結論は、パソコン部門からの完全撤退。事務所閉鎖。決定を部員の前で伝える部長の声が震えていました。今までの売上げの推移。だんだん少なくなる粗利益率。会社全体の状況。さまざまなデータの説明が続きます。部員たちは明らかに納得していません。理屈ではわかりますが、ここまで戦ってきたという感情が納得できないのです。部長にたてつくものも出てきました。

重い空気が支配しました。

そのとき突然、部長が頭を下げた。

「俺だって、納得していないんだ。みんな、ありがとう！」

一瞬、時間がとまりました。

そのあと、部員たちの顔が少し和んだようです。下を向いて頷く部員たち。

部長の「俺だって、納得していない」という言葉が部員たちの納得をつくり出したのです。そして「ありがとう！」という叫びが部員たちの「心」に届いたのです。

その後、彼らは別部門に配属となり、すっきりした気持ちで新しいスタートを切りました。

人を納得させるには「心」への働きかけが必要

人が「納得」するのは「頭」でわかったという状態だけではなく、「心」でもわかったという状態になった時です。「理屈ではわかった。でもどうしても納得できない」というのは、「心」の部分が納得していないのです。

すなわち、人を納得させるためには、単に理屈でわからせるだけでなく、感情への働きかけが必要になるのです。優秀な上司ほど、理屈で人を納得させようとします。部下は「頭ではわかるが、その気になれない」ということが生じます。

頭で伝えたことは相手の頭に伝わります。心で伝えたことは相手の心に伝わります。

どうしたら心で伝えられるのでしょうか――。それは、自分の気持ちを正直に伝えることです。かっこつけないこと。

「いま、私は〜と感じています」

「本当は、〜です」

「実は〜」

たくさんの部下に前で、自分の気持ちを正直に話すのは照れくさいという人もいますが、あなたが正直でないと、相手の心に、その思いが届かないのです。

ポイント

自分自身納得いかなくても、部下の納得を得たかったら自分の言葉で話す

column
上司の心得

自慢話は人を遠ざける

昨日のホームランでは今日の試合に勝てない

人の自慢話ほど面白くないものはありません。

私の知り合いの社長に、自慢話の得意な社長がいます。たまにお会いすると自慢話ばかりです。自分がいかにして会社を作り上げてきたか、いかに困難を乗り越えてきたか――。

十八番は創業時、自らが一軒一軒営業をして歩いた話です。夜討ち朝駆けで営業したこと、大手企業にいかに食い込んできたか。聞いているといつまでも続きます。そして彼の口癖は「それに比べうちの社員ときたら」と、自分の会社の社員をこき下ろすのです。

私は彼の話を聞くのが好きで、たまにお邪魔します。最初のころは話が興味深く、多くの教訓にも満ちて良かったのですが、だんだんと飽きてきます。

会社の中で、彼の昔話につき合う幹部はいません。彼が昔話を始めると、どこかにスーッといなくなるのです。もう、耳にタコが出来るほど何十回も同じ話を聞かされているのです。

彼の悩みは後継者が育たないこと。創業30年、自らは70歳をこえ、社員も200名を超えているのに、です。

自慢話が出るのは頭にサビが生じてきた証拠

彼の経営能力はすばらしいのですが、その自慢話と「今の若い者は」というお決まりの話のために、社員も彼にあまり近づきません。後継者が育たないのではなく、育てていないだけなのだと思い、何度かお話をさせていただきましたが、ガンとして受けつけません。

「昔はこうやった」と言っても、今の若者には通じません。むしろ「昔は良かった」「いまどきのやつらは」式の言葉がでてくるようになったら、頭にサビが生じてきたと自戒した方がいいのです。

特に昔を懐かしむ自慢話が出てくるようになったら、注意しなければなりません。本人は話したくて仕方なくても、周りは興味がない場合がほとんどです。興味のない話を延々とされることほど退屈なものはありません。

昔の自慢、仕事の自慢、家族の自慢、母校の自慢など、つい話したくなりますが、気をつけなければなりません。人は確実にあなたから遠ざかっていきます。

特に部下に昔の自慢話をしたくなったら気をつけたほうがいいです。

部下は最初は聞いてくれるかもしれませんが、何度か続くと飽きられるのがオチです。

「俺も若いころは寝ないでやったものさ」

と、威張ってみても「じゃ、今はどうなんですか」と軽蔑されるのがせいぜい。

昨日のホームランでは今日の試合には勝てないのです。

部下は成果を作り続けながらも、自慢話をしないあなたの話を聞きたいのです。

2章

部下を内面から動機づける

2-1

どんな優秀な上司でも部下の行動は変えられない

部下は部下自身の選択で行動が変わる

多くの上司は部下を変えようとします。しかし部下を変えることはできません。部下は部下自身の選択で行動し変わるのです。ここは大事なところです。「人はなぜ行動するのか」を解き明かした「選択理論心理学」がわかると、上司は何をしなければならないのかがわかります。

強い指導の行き着く先は人間関係の破綻

A課長は部下を育てようと必死です。

思うように動いてくれない部下に、いつも厳しい言葉を投げかけています。

「そんなこともわからないのか」

「何度言ったらわかるんだ」
「今度失敗したら許さない」
「なぜできないんだ」
「オマエのせいだ」

しかし、部下は思うように動いてくれません。それどころか、職場の雰囲気は暗くなり、離職も止まりません。

A課長の思考の根底には、「部下を育てる」とは部下を変えることであり、そのためには厳しく指導しなければならない。部下が変わらない責任は指導の甘い自分にもあるが、根本的には自分を変えようとしない部下自身にある。A課長には自分がやっていることは正しい、という思いがあります。

しかし、この考え方こそ間違いです。

従来の心理学では人の考え方や行動は変えられるとされてきました。すなわち、人の考えや行動は外部からの人や環境からの刺激（Stimulus）に対して反応（Response）した結果、起きるもの。つまり、外から刺激を与えることによって、人の考え方や行動は変えられると考えられていたのです（65ページ図参照）。

この考え方を**刺激反応理論（S‐R理論）**と言います。あなたはこの理論にもとづいて部下を変えようとしていませんか？　そうすると、部下を変えるために強く批判したり、責めたり文句を言ったりプレッシャーをかけたり、あるいはときには脅したりするような強い関わりになりがちです。A課長はその典型です。

しかし、このような関わり方の行き着く先は人間関係の破綻です。

部下を変えられるのは部下自身だけ

これに対して**選択理論心理学**では、人が行動を起こすのは外部の刺激によるのではなく、自らの選択だと考えるのです。

選択理論心理学（Choice Theory）とはアメリカの精神科医ウィリアム・グラッサー博士が提唱した心理学です。１９６５年に発表され、世界中に浸透しました。

そもそも人は、なぜ行動するのでしょうか？

選択理論では人に与えられる外部からの様々な刺激は、その人にとってはある行動を選択するための「情報」なのだと捉えます。そして人は外の情報を自分の欲求と照らし合わせて自ら行動を選択するのです。すなわち、自分を変えることができるのは自分自身だけ。

図表2-1　刺激反応理論と選択理論心理学の違い

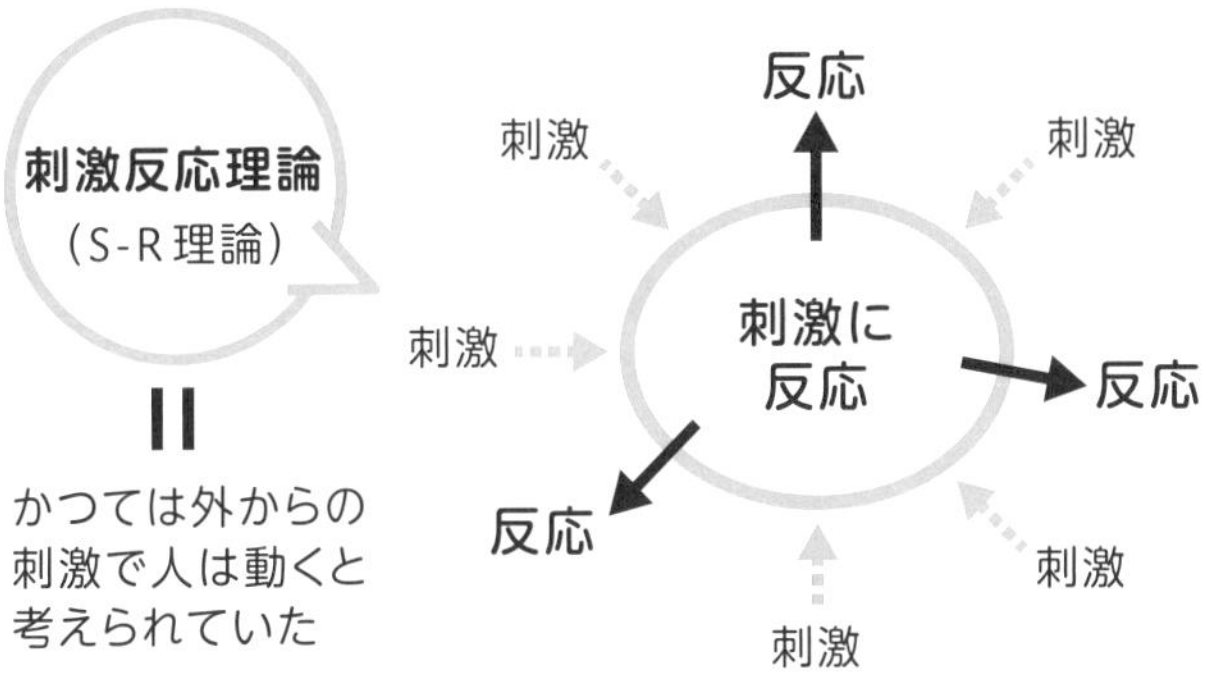

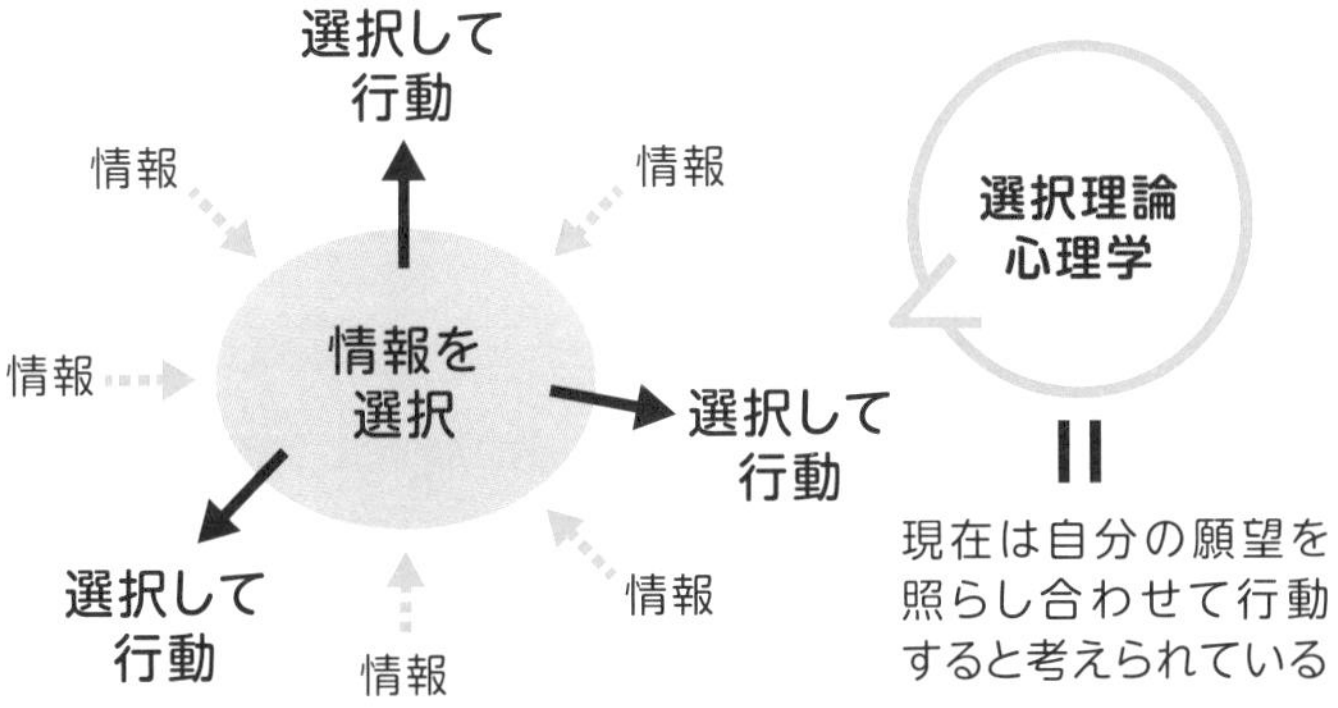

つまり、外部の刺激によって人を変えることはできないということです。

部下を変えることができるのは部下自身だけなのです。

この理論にもとづけば上司の仕事は部下を変えようとすることではなく、部下自身が自ら変わりたい、成長したいと考えるような関わりをすることになります。この章では次項より選択理論に基づいた関係づくりを解説します。

ポイント

上司がいくら強い指導をしても部下の行動は変わらない。部下を変えられるのは部下自身だけ

2-2 部下の成功のために話をする

部下の成功が自分の成功につながる

上司が自分の成果だけを求めているうちは、求める成果はなかなか得られません。自分の時間を削ってでも部下の成果を上げようと手助けすると、自分の成果も上がることがあります。部下に嫉妬したり競争心を抱くより、部下の成功に手を差し伸べてみましょう。

「その人が欲しがっているものを、その人が手に入れられるように手助けしてあげれば、あなたは、自分の欲しいものを手に入れることができる」――

この考え方を、「双方勝ちの法則」（ウィン・ウィン・パラダイム）といいます。上司は部下との関係を、この法則の上に築かなければなりません。

人間関係を支配するパラダイムには大きく分けて4つあります（次ページ図参照）。

図表2-2　人間関係における基本パラダイム

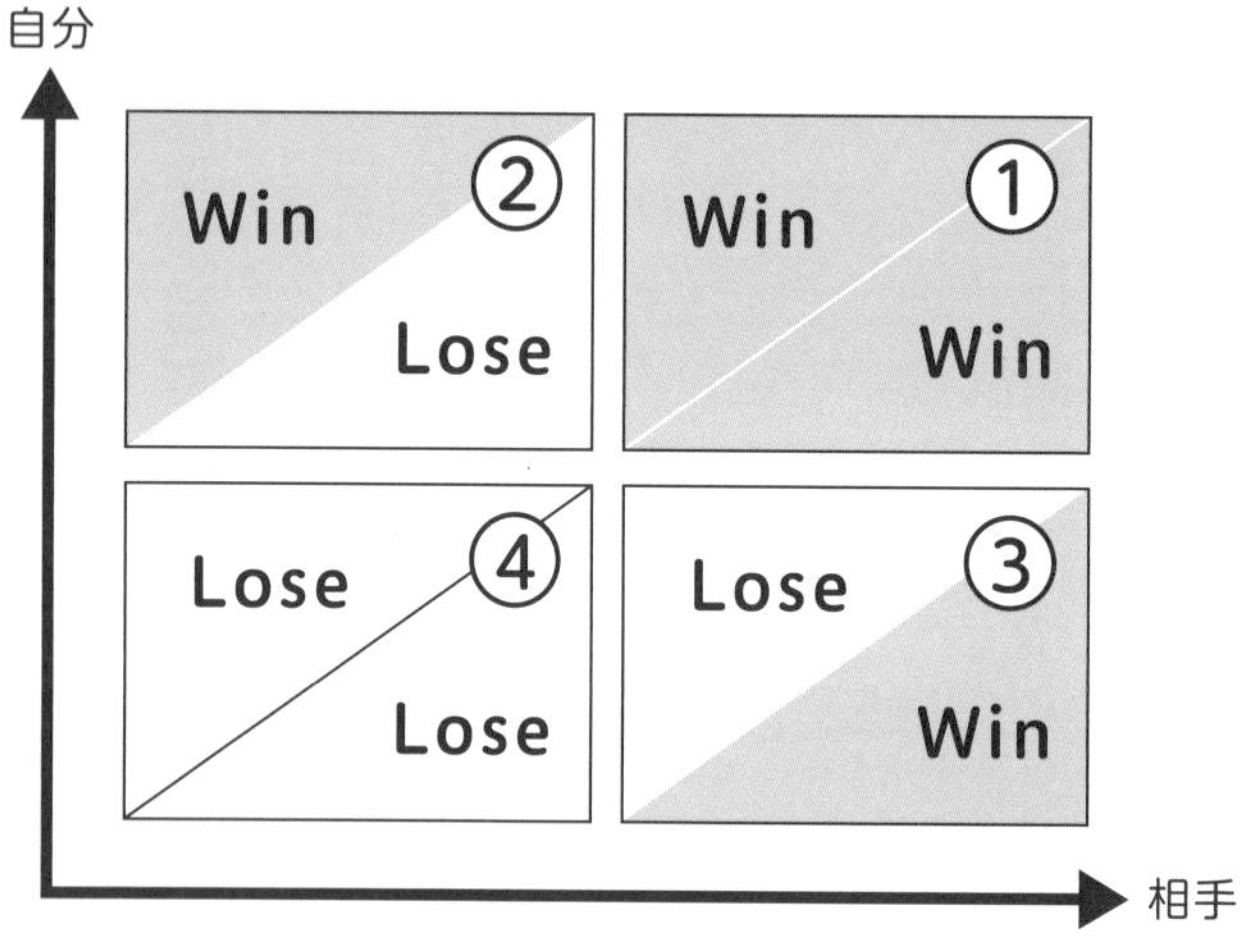

①「双方勝ちの法則」（ウィン・ウィン・パラダイム）

自分の利益と他人の利益を同時に確保する。さらに他者を勝たせることが、最終的に自分を勝たせることになるという考え方です。

ここでの関わりは、競争的ではなく協力的であり、他者に対して援助を惜しみません。

②「自分勝ち、相手負けの法則」（ウィン・ルーズ・パラダイム）

終始自分のことを考えます。自分の成功は、誰かの犠牲の上に成り立つものだという考え方です。

自分の勝ちを確保するために、地

位、力、肩書き、財力などに依存しやすくなります。

③「自分負け、相手勝ちの法則」（ルーズ・ウィン・パラダイム）

自分自身の勝ちを犠牲にしてでも、他人を勝たせようとします。他人に対する思いやりはありますが、自分に自信がなく他人に好かれたいという依存心が強い。自分の考えもはっきり表現できません。

④「双方負けの法則」（ルーズ・ルーズ・パラダイム）

自分の勝ちを犠牲にしてでも、他人を負かせようとします。嫉妬心が強く、批判的。これは長期的なウィン・ルーズ、ルーズ・ウィンの結末です。すなわち、これらの関係は、結局どちらかが満足していない状態なので、フラストレーションがたまり長くは続きません。一般的には勝者を引き摺り下ろすことによって均衡が図られます。

＊　＊

組織の中でもっとも一般的な法則は「自分勝ち、相手負けの法則」です。すなわち、自分中心に物事を考え、他人を負かしてでも、自分さえ勝てば良いという関係です。販売部門は自部門に都合の良いプランを相手の都合を考えず製造部門に押しつけ、また、また製造部門は販売部門の要求に応えようとしない。社員は会社のやり方が悪いと不平を言い、会社は社員がきちんとやってくれないという。部下は実行不可能な計画を押しつけると上司に不満を漏らし、上司は自ら考え実行する部下を育てようとしない。

「自分勝ち、相手負け」の行き着く先は「双方負け？」

「自分勝ち、相手負けの法則」に支配されている人にとって、自分以外の人はみな、比較、競争、支配の対象です。

しかし、「自分勝ち、相手負けの法則」は、最終的には「双方負け」の結果を作ります。なぜなら、一方が他方を負かせようとしているとき、たいてい他方も相手を負かせようとしているからです。とくに上司と部下との間には利害関係が絡むので、上司が自分の立場を守るため、部下に犠牲をしいたりすると、部下の協力が得られなくなり、「双方負け」の結果になりやすいのです。

あのＩＢＭも「双方勝ち」で復活した

ＩＢＭは１９８０年代前半までは、コンピュータ業界における完全なリーディングカンパニーでありガリバーでした。

ところが、1993年には1兆円の赤字を出し、株価も額面スレスレまで落ち込んでしまいます。そこでIBMは大胆なリストラを敢行。最高経営責任者（CEO）を外部から招聘します。それはIBMの生え抜き社員にとっては考えられない屈辱でした。招聘されたのはルイス・ガースナー。彼の前職はスナックフーズや食品を作っているナビスコのCEOです。

当時の新聞は「IBMは半導体チップとポテトチップを混同している。これでIBMも終わりだ」と書きたてました。

ガースナーはまず、当時のIBMの社員が、どのような行動特性があるかを分析します。その結果、社員の多くは、達成思考、パワー思考、権力志向は非常に強いが、その反面、部下が成果を挙げたら自分も嬉しいと感じる能力、部下や同僚の成功を自分のことのように感じる能力、果ては顧客が成果を挙げたら自分も嬉しいと感じる能力などは、非常に欠けていることが判明したのです。

すなわち、当時のIBMを支配していた法則は「自分勝ち、相手負け」であり、自分たちの成功は部下や顧客の犠牲の上にしか成り立たないという考え方でした。多くが自分の成果だけを追い求め、「自分さえ良ければ」というところから行動していたのです。

そこでガースナーは1990年代後半に「ガースナープログラム」と呼ばれる社員教育プログラムを作り、全世界で展開します。ここでは、チームワークがいかに大切か、他者を勝たせることが最終的には自分の勝利につながること、顧客を勝たせることに喜びを感じることが自社の成果であること、すなわちウィン・ウィン・パラダイムを徹底して教育します。そして実際、IBMは再び大きな成長を遂げて行くのです。

リード・マネジメントで部下を内面から動機づける

選択理論心理学を提唱したウィリアム・グラッサー博士は、その理論をマネジメントの分野に応用し、「**リード・マネジメント**」という概念を打ち立てました。すなわち従来の外的コントロールによって部下を動かすやり方を「**ボス・マネジメント**」と呼び、これに対して、部下を内側から動機づけようというのです。

ボス・マネジメントはウィン・ルーズのパラダイムからきますが、リード・マネジメントはウィン・ウィン・パラダイムからきます。その違いを示すと次ページ図のようになります。

上司の第一番の仕事は「自分より優秀な部下」を育てることです。いくら上司が仕事が

図表2-3　「ボス・マネジメント」と「リード・マネジメント」の違い

○ ボスは駆り立て、リーダー導く。

○ ボスは権威に依存し、リーダーは協力する。

○ ボスは「わたしは」と言い、リーダーは「わたしたちは」と言う。

○ ボスは恐れを引き出し、リーダーは確信を生む。

○ ボスはどうするかを知っているが、
リーダーはどう示すかを知っている。

○ ボスは恨みを作り出し、リーダーは情熱を作り出す。

○ ボスは責め、リーダーは誤りをただす。

○ ボスは仕事を単調なものにし、
リーダーは仕事を興味深くする。

○ ボスは自分の成功に関心があるが、
リーダーは部下の成功に関心がある。

できたとしても、部下が上司よりできない人ばかりなら、会社は発展していきません。尻すぼみになるだけです。上司より優秀な部下がいるからこそ、会社に将来性が出てくるのです。**「俺が一番優秀」と思っているうちは、上司として二流だと宣言しているようなものです。**

だからリーダーは、自分のために話すのではなく、部下のために話さなければなりません。常に「双方勝利」になっているかを検討し、そこからコミュニケーションの戦略を打ち立てる必要があるのです。

ポイント

部下の成功に手を差し伸べることが自分の成功に結びつく

2-3 「ボス・マネジメント」から「リード・マネジメント」へ

部下にとって上司は情報源の一つにすぎない

部下を育てるというのは、部下が自ら育ちたいと望む主体性を育むことです。変わらなければならないのは上司であるあなた自身です。だからこそ、上司であるあなたの関わり、言葉遣いが大切なのです。あなたの関わり、言葉遣いは部下の心に届き、部下の主体性やモチベーションを引き出しているでしょうか。

ミスをして一番苦しんでいるのは部下自身

A課長は、選択理論心理学を知り、部下を変えるために使っていた厳しい関わり、すなわち外部からのコントロールを止めました。これまで職場には一種の恐れが広まり、会話も少なく創造的な雰囲気はありませんでした。その結果、部下は変わらないだけではなく離職も止まりませんでした。

Ａ課長が考えたのが、部下のことをもっと理解しようとすることでした。部下の話を聞くことに勤め、定期的な面談も行うようにしました。

部下が何かミスをすると、厳しく指導したいという思いもありましたが、ミスをして一番苦しんでいるのは部下自身です。どうしたらミスを防げるか一緒に考えることにしたのです。

部下に厳しい関わりをするのではなく、部下の現状に耳を傾け一緒に考える。すると部下も自分の気持ちや本音を言ってくれるようになりました。

今までは部下を変えよう変えようとして部下自身を見ていませんでした。また、Ａ課長自身の行動も変えようとしていませんでした。

それが、だんだんと部下の現状、欲求、長所、課題なども冷静に見ることができるようになったのです。

部下を成長させるために自分はどうあるべきか、何をすべきか、どう関わるべきかも見えてきました。

部下の話を聞き、承認し、励まし、一緒に考え話し合う。徐々にですが、部下の主体性が発揮され、職場では様々な意見が飛びかうようになりました。何より職場が明るくなり離職も少なくなり、成果も上がるようになってきたのです。

部下にとって価値ある情報をもたらすのが上司の役目

選択理論心理学では人の行動は「思考」「行為」「感情」「生理反応」の4つから成り立っていると考えます。車に例えるなら、前輪が「思考」と「行為」、後輪が「感情」と「生理反応」です（次ページ図参照）。

人は基本的欲求（次項参照）に基づいて自らの思考と行動をコントロールし、思考と行動に基づいて感情と生理反応もコントロールしているのです。

本人にとって他人は情報源なのです。つまり部下にとって上司は情報の一つにすぎないのです。

その情報を自分の成長にどう役立てていくかは部下の選択です。

上司は部下にとって最大の価値をもたらす情報でなければなりません。変わらなければならないのは上司なのです。

図表2-4　自分で変えることができるのは未来と自分自身

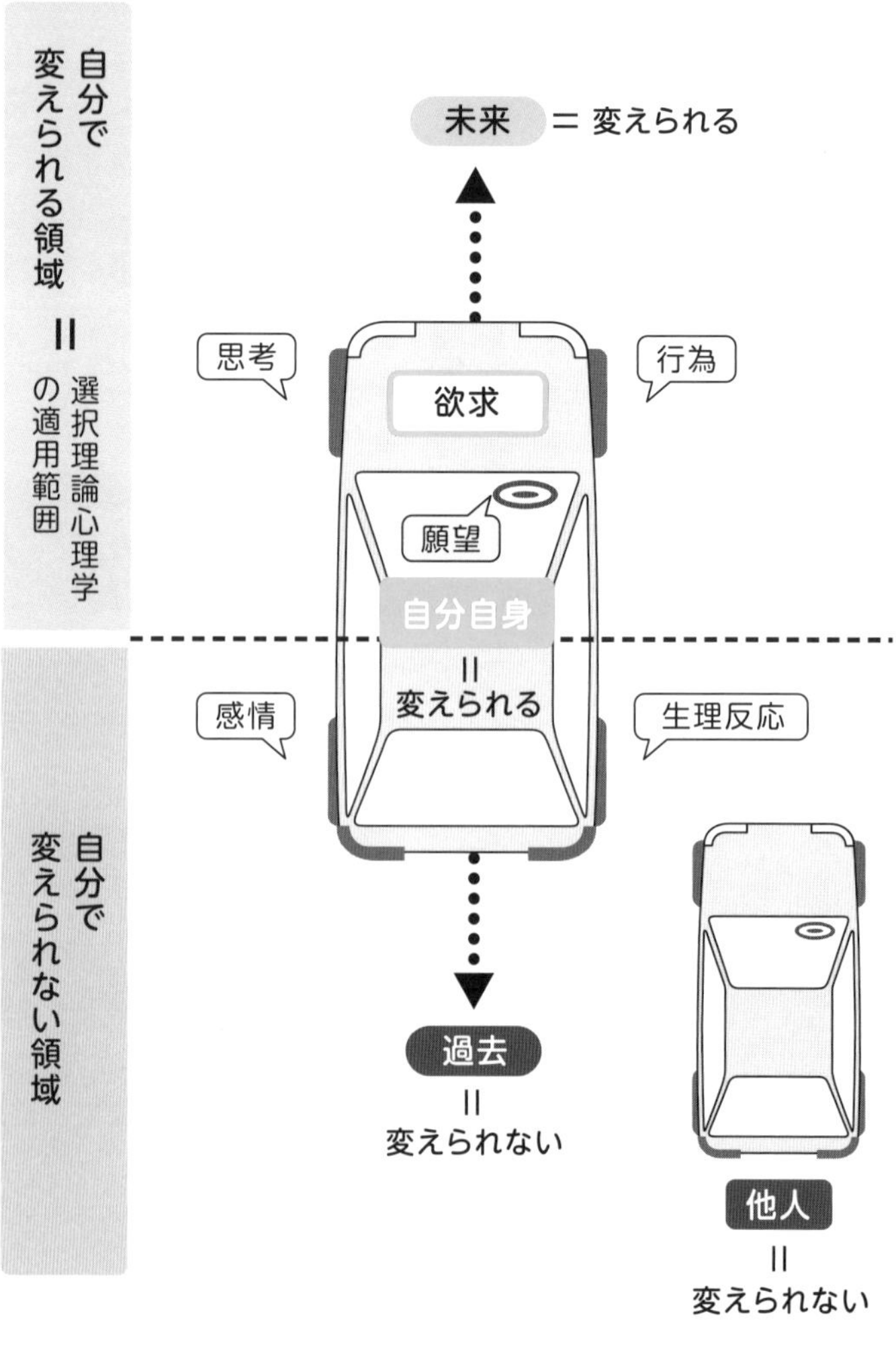

この選択理論をベースにしたマネジメントを「**リード・マネジメント**」といい、従来の刺激反応理論をベースにしたマネジメントを「**ボス・マネジメント**」と言います。

選択理論の提唱者グラッサー博士によると、ボス・マネジメントの下では上司と部下は敵対関係になりやすく恐れが支配する職場となり、創造性はなくなると警鐘を鳴らしています。

ポイント

部下にとって上司は情報源の一つ。ならば上司はもっとも価値の高い情報源になる

2-4

部下が喜んで仕事に取り組むようになる工夫

「5つの基本的欲求」を満たすよう仕向ける

人は誰でも自分の欲求を満たすために最善を尽くします。つまり、部下の欲求を満たす行動をとれば、部下は喜んで行動するでしょう。反対に部下の欲求を阻害する行動をとれば、部下の欲求は満たされず、抵抗さえするかもしれません。では、人はどのような欲求を持っているのでしょうか。

選択理論では、私たちはそれぞれ満たすべき欲求を持っているとされます。そして、それぞれの欲求を満たすために私たちの行動は選択されているのです。

欲求が満たされていると、私たちは「**快適感情**」を感じます。

快適感情とは喜びや楽しさ、嬉しさ、幸福感、心地よさなどです。逆にそれらの欲求を満たすことができないと、不安や焦り、イライラ、怒りなどの「**苦痛感情**」を感じます。

生まれながらに持っているこれらの根源的な欲求のことを、選択理論では「**5つの基本的欲求（5Basic Needs）**」と呼んでいます。

5つの基本的欲求の強弱、満たし方は人それぞれです。しかし、人が行動するときには、必ずこれらの欲求の一つ以上を満たそうとしているのです。

部下の行動の原因には必ずこの欲求があります。

5つの基本的欲求 （次ページ図参照）

【生存の欲求】

飲食や睡眠、生殖などの身体的な欲求。

主なものに安全・安定、健康、生殖の3要素があります。

【愛と所属の欲求】

誰かと一緒にいたいといった満足な人間関係を求める欲求。

主なものに愛、所属の2要素があります。

【力の欲求】

認められたい、勝ちたいといった欲求。

図表2-5　人が持つ5つの基本的欲求

生存

生きていくために
必要なもの

「安全・安定」「健康」「生殖」

楽しみ

主体的に喜んで
行いたい

「ユーモア」「好奇心」
「学習・成長」「独創性」

愛と所属

満足な人間関係を
求める

「愛」「所属」

自由

思うように
行動したい

「解放」「変化」「自分らしさ」

力

価値を
認められたい

「貢献」「承認」「達成」「競争」

欲 求

主体的行動の根本にあるもの

主なものに貢献、承認、達成、競争の4要素があります。

【自由の欲求】

自分のしたいようにやりたいという欲求。

主なものに解放、変化、自分らしさの3要素があります。

【楽しみの欲求】

新たな知識を得たいという欲求。

主なものにユーモア、好奇心、学習・成長、独創性の4要素があります。

職場で部下の欲求を満たすアイデア

では上司は部下の5つの基本的欲求を満たすために、具体的にどうしたらよいでしょう。考えてみましょう。

生存の欲求

まず、上司は絶えず部下の体調を気遣ってあげましょう。長時間労働を強いたり、睡眠不足のまま仕事をさせてはいけません。食事や睡眠時間がきちっと取れているかにも配慮してあげましょう。

また、言うことをコロコロと変える上司がいますが、モチベーションを保つうえでマイナスとなります。

愛と所属の欲求

私は会社でも、研修でも「上司から先に挨拶をしてください。積極的に声がけをしてください」と言い、自らも実践しています。

しかしそれに対して反論されることもあります。「挨拶は部下から先にするのがマナー」といったものです。

たしかに部下のマナーとしてはその通りです。しかし、私が言っているのは上司としての姿勢です。

上司の仕事は、部下の主体性を引き出し、部下をやる気にさせることです。

上司は、絶えず部下のことを気にかけ、部下の基本的欲求を満たす行動をとらなければなりません。

上司から声をかけられたり、挨拶をされたりすると、部下の愛と所属の欲求は満たされ

図表2-6　職場で部下の欲求を満たすアイデア①

生存の欲求

・体調を気遣う
・食事や睡眠時間がきちんと確保できるように配慮する
・危険なことや初めてやることは、安全性や、やり方をしっかりと伝える
・言うことをコロコロ変えない

愛と所属の欲求

・名前を呼んで挨拶する
・すれ違う際にいつも一声かける
・話を聞くときは、相手のほうに身体と顔を向ける
・忙しいときでも、邪険に接しないようにする
・一緒に食事をとる機会を増やす
・声をかける
・挨拶は上司から

ます。自分は上司に気にかけられ、受け容れられているという気持ちが部下の心理に大きな影響を与えるのです。

さらに、話をしっかり聞いてあげる、名前を呼んであげる、時には一緒に食事をする、チームにとって如何に大切な人かを伝える、期待を伝え続けるなど、様々なことが考えられます。

力の欲求

仕事で成果を挙げ、目標を達成するための原動力となる欲求です。

人は誰もが、認められたい、役に立ちたい、達成したい、勝ちたいといった欲求を持っています。

上司は部下に感謝を伝え、しっかりと承認することが必要です。

「あなたならできます」

「いつも頑張ってくれて感謝しています」

「ありがとう」

「あなたのおかげです」

図表2-7　職場で部下の欲求を満たすアイデア②

力の欲求

・良い仕事をしたときは感謝し、ほめる
・成果が出ないときは情熱や努力を認める
・「いないと困る」「助かったよ」と声をかける
・約束を守る

自由の欲求

・自由に発言してもらえるように接する
・質問に答える、相談に乗る
・全体像を伝え、主体的に動けるようにする
・一方的に決めずに、選択肢を与える
・ぎりぎりになってから仕事を振らない

楽しみの欲求

・いまの仕事で何が学べるかを伝える
・笑顔を意識する
・冗談を言う、誰かがボケたらつっこむ
・仕事以外の話もする

部下は力の欲求が満たされたとき、想像以上の力を発揮してくれます。

自由の欲求

あなたは部下に、

「ああしろ！」

「こうしろ！」

「俺の言うとおりにしろ！」

と強制したり、一方的な指示・命令ばかりしていませんか。こんな状態が続くと、部下のモチベーションはあっという間にダウンしてしまうでしょう。

人は誰でも、他人から束縛されず、自分で決めて自分のやりたいようにやりたいという欲求を持っています。もちろん仕事ですから、すべて自由にできるわけではありません。しかし、上司は可能なかぎり、部下の持つ自由の欲求を満たす関わりをしなければなりません。

たとえば、仕事ができる部下に、仕事の進め方に関して細かい指示を出し、それに従うことを求め続けたとします。自由度が高い中で成果を発揮する部下にとっては、苦痛以外のなにものでもないでしょう。

楽しみの欲求

上司は部下にとって「仕事が楽しいもの」であり「職場にいることが楽しい」ように仕向けなければなりません。

部下の主体性を尊重しながら、勉強会を開催したり、仕事に必要な書籍や情報を提供しましょう。仕事を通して上司が自分の成長を支援してくれていると部下が感じると、部下の楽しみの欲求は満たされます。

時には飲み会を開いたり、レクリエーションの場を設けるのも効果的です。

ポイント

部下に行動を促すには、5つの基本的欲求を満たすような働きかけをする

column
上司の心得

咄嗟の「ありがとう」を忘れない

部下に感謝する上司は、部下からも感謝される

だめなリーダーは「ありがとう」となかなか言いません。やってくれて当然、してくれて当たり前と思っているのです。これでは人はついてきません。あなたは一日に何回「ありがとう」と言っているでしょうか。

上司は部下たちの努力のおかげで全体の目標を達成することができ、自己の責任を果たすことができるのです。頼んだことを部下がやってくれたら、まず、第一声は「ありがとう」です。

頼む時だけ頼んでおいて、少しでもうまくいかない所があると、ありがとうとも言わず、ただ文句をならべたてる。

「遅いじゃないか」

「この部分がだめだよ」

「つめが甘いんだよ」

これでは部下の反発を招くだけです。

概して日本人は「ありがとう」というのが下手です。学会でアメリカなどに行くと「Thank you」の連発です。何かというと微笑みながらすぐ「Thank you」と言ってくれます。実に気持ちのいいものです。また何かしてあげたくなるのです。

しかし日本人はあまり「ありがとう」と言いません。休憩時間にコーヒーサービスがあります。ホテルのウェイターがコーヒーをついで回ります。外国人は必ずお礼を言います。

日本人の多くは黙ってカップを差し出し、ついでくれても何も言いません。高価な費用を払っているのだから当然と考えているのでしょうか。

たしかに費用の中にはサービスの提供もチャージされています。しかし、そのサービスを提供しているのは生きた人間なのです。その人の気持ち一つでサービスの質も明らかに違ってきます。「Thank you」も「ありがとう」も、何かを提供してくれる生身の人間に対する感謝の気持ちなのです。

部下は自分に関心を持ち続けてくれる上司に感謝する

「ありがとう」を使いすぎて使いすぎるということはありません。

結婚式の披露宴では祝電をまとめて読み、最後にまとめて拍手をするというのがありますが、部下に対して「ありがとう」はこれではいけません。後になってまとめて「ありがとう」では、時間の節約にはなっても、感謝の気持ちが伝わりません。十把一からげというのは単なる手抜きでしかないのです。

ですから、部下が何かをしてくれたら、その都度「ありがとう」と言いましょう。

大きな成功を評価されるよりも、小さな成功を評価される方が、部下としては嬉しいものです。なぜなら**大きな成功は誰でも注目し評価してくれますが、小さな成功というのは、そのことに関心を持ち続けていないとなかなか気づかないからです。**

部下からすると、成功がほめられたということよりも、上司がずっと関心を持ち、自分を見ていてくれたということの方が、よほどうれしいのです。

人に関心を寄せ、感謝の気持ちがないと、なかなか「ありがとう」とは言えません。咄嗟の時に出てきません。

ですから普段からことあるごとに言う練習をしてみましょう。

家族に「ありがとう」

買い物をしたお店の人に「ありがとう」

タクシーの運転手さんに「ありがとう」

習慣になるまで続けましょう。

人に感謝する人は、人からも感謝されます。**部下に感謝する上司は、部下からも感謝されるもの**です。ですからリーダーになったら沢山「ありがとう」と言いましょう。

3章

部下の
心を開かせる
話し方

3-1

部下一人ひとりの心理的安全性を高める

高い成果を生み出すチームが共通して持つ成功要因

圧倒的に成果を作るチームに共通して存在する要因は何でしょう。そもそも能力の高い人が集まっている？　長時間労働？　高い報酬？　カリスマ性のあるリーダーの存在？　仮説はいろいろ立てられます。アメリカのIT巨大企業、グーグル社が2012年から4年の歳月かけて大々的に行った生産性改革プロジェクト「プロジェクト・アリストテレス」が教えてくれます。

今、ビジネスの世界で「**心理的安全性**」という言葉が流行っています。「心理的安全性」がチームや組織の成果を最大化し、諸問題の解決に大きく貢献することが証明されているからです。

もともと、この言葉はハーバード・ビジネススクールのエイミー・C・エドモンドソン教授が1999年に論文で発表したものですが、一躍有名にしたのはグーグル社が行った「プロジェクト・アリストテレス」という調査結果の発表でした。プロジェクトの目的は、生産性の高いチームに共通するものは何かを探ることでした。

そこで、チームや組織の生産性を高めるうえで、唯一無二の最重要要素として位置づけられたのが「心理的安全性」です。エドモンドソン教授によると、成果の上がらない組織には心理的安全性を低くする4つの不安があるといいます。

①無知だと思われる不安

確認や質問をしても「こんなことも知らないのか」と思われたり言われる不安があり、その結果、確認や質問ができないままの状態になる。

②無能だと思われる不安

ミスや失敗をした時、「仕事ができないと思われる」不安があり、自分の失敗や弱点を認めなかったり、隠そうとしたり、タイムリーに報告しないようになる。

③邪魔をしていると思われる不安

自分の発言や行動が「誰かの邪魔をしているのではないか」と不安になり、発言や提案をしなくなる。

④ネガティブだと思われる不安

改善の提案や意見を言いたくても「批判的だ」と否定的に捉えられるのではと不安になり、何も言えなくなる。

いかがですか？　皆さんの職場にはこのようなことはありませんか？

「心理的安全性」とは組織の中で自分の考えや気持ちを誰に対しても安心して発信できる状態のことを言います。すなわち意見を率直に言い合えるということです。

たとえば、ミスや失敗の報告、誰かの意見に対する反論など、普通ならなかなか言えないことも安心して言える状態こそ心理的安全性が高い状態といえるのです。心理的安全性が高い職場には次のようなメリットがあります。

まず、**情報やアイデアの共有**が活発になります。

チーム全体に自分の意見や提案を言う場合の心理的なハードルが低くなります。お互いの相互理解、円滑なコミュニケーションが促進され、様々な情報、アイデアが共有され、それが組織の力になります。

さらに**メンバーのポテンシャルを最大化**できます。

心理的安全性が高いということは、メンバー同士がお互いを認め尊重しているからこそ可能になります。メンバー同士がなんの遠慮をすることなくお互いに意見を交わしながら切磋琢磨していける環境になります。その結果、メンバーのポテンシャルが引き出され、最大化することが可能となるのです。

また、**チームの目指す目標やビジョンが明確**になります。

お互いの自由なコミュニケーションから建設的な議論を行うことができ、チームとしてもまとまりができ、一丸となって目標達成のスピードが加速していくのです。

さらに、これが大きいのですが、**チームメンバーの定着率が高まる**ことがグーグルの調査から明らかになっています。会社での居心地が良く、仕事がしやすく、上司や先輩からの援助も得られ、自己成長を実感できることにより、メンバーの5つの基本的な欲求（80ページ参照）を満たすことができるからです。

心理的安全性を高める上司の言葉

心理的安全性の高い職場とは、つまり風通しの良い職場のことです。メンバーが対等な立場で円滑なコミュニケーションをとることのできる職場です。

ではどのようにしたら心理的安全性を高めることができるのでしょうか。

まず、外的コントロールを使わないで選択理論心理学にもとづいて生きることです。コミュニケーションとしては人間関係を確立する7つの習慣をベースにします（151ページ参照）。

具体的には上司が次のような言葉を伝えていくと職場の心理的安全性は高まります。

「あなたの考えを教えてくれませんか？」

部下の考えを積極的に聞く姿勢を示します。そして部下の考えに耳を傾け、できるだけ途中で口をはさんだりしません。

「なるほど」

「そういう考えもあるね」

「参考になったよ」

たとえあなたと考えが違っても、相手の考え、価値観にしっかり耳を傾けましょう。

部下の発言に対するハードルは必ず低くなります。


「ありがとう」


ことあるごとに部下に感謝の言葉を伝えます。

部下の力の欲求が満たされるばかりでなく、上司の感謝の言葉は職場のコミュニケーションを推進します。


「頼りにしているよ」


部下のやる気は増大すること受けあいです。

人から頼りにされることほど嬉しいことはありません。自ら工夫し、自ら成長しようとします。

「もっとあなたのことが知りたいのです」

上司の仕事は部下に働いてもらうことです。

そのために必要なことは部下を理解することです。上司である自分を部下に理解させるよりも、自分が部下を理解しようとすることの方がはるかに大切です。部下は自分のことを理解してくれている、わかってくれている上司の言葉を初めて受け入れるのです。自分に関心を持ってくれ、知ろうとしてくれている上司に、部下は安心して心を開くのです。

＊　＊

S社は創業から10年に満たないベンチャー企業です。社員は30名弱。売上げは5億ほどの会社です。

その会社の課題は離職でした。毎年6～7人が離職します。売上げも数年間横ばいです。

その会社のマネジャーの中核を担っていたのはA事業本部長。創業期から会社を支えてきました。

彼はロジカルで頭はキレキレです。議論をして勝てる人はいません。口癖は「論点は何？」「意味あるの？」「え、そんなこともわからないの？」

毎週の会議は彼が中心に話をしています。

社員はいつもピリピリしています。無知、無能だと思われるのではという恐れが職場のコミュニケーションの量の少なさを作り出していました。

しかし、この事業部長は優秀で、プレイヤーとしても会社の売上げの大きな部分を担っていました。そんな彼が個人的な事情で会社を辞めることになったのです。

会社の責任者が辞めるというニュースは全社員に不安をもたらしました。

その後、Bさんが責任者に就任。就任早々、彼はひとりずつ社員と個人面談をしました。社員は口々に自分の将来や会社に対する不安を語ります。恐る恐る会社批判をする者もいます。

この会社を辞めると決めている社員、辞めようか迷っている社員、メンタル的に少しキツイと訴える社員…じっくり耳を傾ければ傾けるほど、この会社の病巣が見えてきます。新たに前へ進めるという状態ではありません。

Bさんは急がないことにしました。

その後さらに1対1の面談を続け、面談を記録したノートは10冊にも及びました。面談中、特に意識したことは社員の本音を引き出すこと。会社をここまで引っ張ってくれたことに対する感謝を伝えること。そして承認すること。社員との食事会なども頻繁に行い、会議の時は聞くことに徹します。

だんだんとコミュニケーションの量が増えて来て、社員の顔も明るくなってきました。結果、辞めると言っていた社員は辞めないことになり、その年離職者は1名、次の年はゼロ。会社の大きな売上げを担っていた元の責任者が辞めても、売上げは過去最高となったのです。

組織は人の集まりです。一人でできることには限りがあります。一人ひとりのポテンシャルを引き出し、組織の力に変えていく力。それが心理的安全性です。

ご自分のチーム、組織を振り返ってみましょう。

ポイント

チームの生産性を高めるうえで最重要なのは部下の持つ不安を取り除くこと

3-2 たかが「挨拶」というなかれ！

人間関係と信頼関係を作り出す最初にして最大の武器になる

挨拶をしてくれる人に、私たちは無条件で好意を抱きます。それは相手が自分に関心を持ってくれたことを意味するからです。挨拶は心を開くキッカケとなります。だから、上司は部下より先に挨拶しましょう。部下との信頼関係を築くきっかけは、上司が率先して挨拶することから始まります。

私は仕事柄いろいろな会社を訪問します。あらゆる業種、業態といってよいでしょう。そこで、業績の上がっている会社にはいろいろな共通点があることがわかります。もっとも特徴的で、わかりやすいのが「挨拶」の有無です。

業績の上がっている会社は必ずと言ってよいほど挨拶がすばらしい。以前、ある研修コンサルタント会社の研修に参加しました。その会社は営業教育の分野では日本一の業績を誇る会社です。不況の中で多くの研修会社が売上げを落としていましたが、この会社は逆に伸ばし続けています。

研修初日、朝8時ごろ、その会社のある研修会場に行きました。ドアを開けると受付の女性が満面の笑顔をたたえ「おはようございます。お待ちしていました」と迎えてくれたのですが、その笑顔がすばらしい。

たしかに、どこの会社もお客様をお迎えする時には挨拶をしますが、形だけのおざなりのものか、心のこもった挨拶かはすぐわかります。彼女の挨拶は大きな声で、明るく満面の笑顔で、心がこもっており、本物でした。それを聞いただけで、いっぺんに緊張感がほぐれてしまいました。

研修中、そこのスタッフの挨拶も自然で実にすばらしい。

研修が終わって、夜9時ごろその会場を出る時にも1階に朝の彼女がいて「お疲れ様でした。またお待ちしています」と、朝よりももっと明るい笑顔で送り出してくれたのです。1日の疲れがいっぺんに溶ける思いでした。

挨拶一つで、こちらの気持ちの持ち方が180度違ってしまうのです。

こんなこともありました。

札幌近郊のある注文住宅の建設会社を訪問した時のこと。そこの社長さんからの依頼で、社員の育成に関して相談に乗ってほしいとのことでした。

約束の時間より10分ほど前に会社にお伺いしました。受付カウンターには人がおらず、カウンター越しに10名ほどの社員さんがいます。「すいません」「すいません！」と大きな声で言ってみましたが、誰も振り向いてくれません。よく見ると、スポーツ新聞を読んでいる人もおり、タバコを吸いながら談笑している人もいます。

明らかにわたしの声は届いているはずなのに、だれも気づいてくれません。さらに呼んでみると、カウンターのそばにいた人がやっと気づいてくれ、新聞を手に持ち、座ったまま「あ、何ですか」と聞いてくれました。

「あの、社長さんいらっしゃいますか」

「社長ですか。隣の工場の方にいますので、そちらに回ってください」

「あの、工場は」

「右、出て、すぐ右ですよ」

このやり取りの間、彼の方から挨拶は一切なし。しかも、面倒くさそうな対応です。私はそこの社長によばれて行ったにもかかわらず、です。

この会社は当時、業績の悪化に苦しんでいましたが、一事が万事です。モラールが低いと挨拶に出るのです。

上司が率先して挨拶することで、職場は活気づき、部下は力づけられる

そもそも、挨拶は仏教の用語で、挨は「開く」「近づきあう」、拶は「迫る」「相手の心を導く」という意味があります。すなわち、挨拶をするということは、「自分の心を開いて相手に近づき相手の心に迫る」ことです。

私は挨拶を次のように定義しています。

挨拶とは「人間関係と信頼関係を作り出すための最初にして最大の手段である」——。

挨拶をしてくれる人に、私たちは好意を抱きます。なぜなら、挨拶をしてくれるということは、相手が自分に関心を持ってくれていることを意味するからです。挨拶をしてもらえると、人は無条件で嬉しい。そして心を開く。まさに人間関係や信頼関係を作り出す、大きなきっかけとなるのです。

新入社員研修で挨拶の練習をするたびに無力感を持つことがあります。彼らは一生懸命挨拶の練習をして、やる気と希望を持って仕事を始めるのですが、人によっては2〜3日

で挨拶をしなくなってしまいます。なぜなら、かれらの上司が挨拶をしないからです。

リーダーになればなるほど、自ら挨拶をしなければなりません。「おはよう」「ご苦労さん」「ありがとう」「行ってらっしゃい」――これらの言葉が、どれほど職場を活性化させ部下を力づけることでしょう。

上司のなかには、挨拶は部下からするべきだと考えている人がいますが、とんでもない勘違いです。上司になればなるほど職場や部下に対する影響力が大きい。**上司が挨拶をして、始めて部下は心を開き挨拶する**ようになるのです。自分は挨拶もせず、部下に「何でも相談に来い」といっても、部下は心を開きません。

部下と人間関係や信頼関係を作ることは難しい。リーダー自ら、率先して挨拶する習慣を身につけなければなりません。

ポイント

挨拶は人間関係、信頼関係を築くキッカケになる

3-3

自分の失敗談をあえて話す

失敗談は聞く人を惹きつけ、勇気づける

誰しも自分の失敗談や恥ずかしい思いは人に話したくないものです。しかし、同じ仕事をしていれば、同じような失敗は誰の身にも起こり得ます。「なぜ自分だけがこんな目に…」と落ち込む部下に、あなたの失敗談は安心感を与え、再挑戦への意欲をかき立てることでしょう。

忘れられない体験があります。

研修講師になりたての35歳の頃です。

それまで研修企画と営業、さらに研修開催の準備などをこなし、やっと研修講師としてデビューしたての頃です。

ある公開研修で、いきなりドモリ始めたのです。過度の緊張感のせいでしょう。思うよ

うに言葉が出てきません。参加者は50人ぐらいと記憶していますが、受講生の前に立つと頭が真っ白になってしまい「コッ、コッ、コッ、コッ」と言葉が出てこないのです。顔中が熱くなり、滂沱の汗です。

その後、企業研修に入っても、しばしばドモるようになりました。特にある大手企業の管理職研修では、私が若く見え、また未熟だったせいか、時々野次られたり、意地悪な質問を受けたりしました。すると、余計にドモるのです。

まもなく、研修講師からはずされました。

憧れて、やっとつかんだ研修講師の仕事でしたが、振り出しに戻ってしまいました。ふいに襲ってきた「突発性吃音」です。

人前で話すことが怖くなりました。能力開発、人材育成の仕事は、やりがいもあり、私の一生の仕事にしようとしていた矢先だけに、ショックは大きかったです。

私は、20代のすべてを司法試験の合格にかけてきました。弁護士になりたかったのです。しかし合格することはできませんでした。

その後、化粧品の販売を経て、この世界に入ったのですが、また大きな挫折です。辛く、苦しい日が続きました。

ここであきらめたら終わりだと、気力を振り絞る毎日でした。

沢山の人がいることをイメージして、来る日も来る日も練習しました。講師仲間の前で練習する時には、1回ドモるたびに100円硬貨を空き缶に入れ、それは没収されるのです。毎回、アッという間に1万、2万になりました。

代々木公園にもよく行きました。何千人もいることを想定して大声で話すのです。実際の聴衆は妻だけでしたが…。

「吃音」という呪縛から逃れることができるまで、約1年半かかりました。もっとも大きかったのは、考え方を変えたことです。それまでは、先輩講師のマネをしていました。だから自分で話をしながら、自分らしくない。

間違えてもいい、たどたどしくてもいい。自分らしく、自分の言葉で伝えよう。そう気持ちを切りかえてから、人前で話すことにそれほどの緊張感がなくなりました。

失敗談は壁にぶつかった部下に安心感と再挑戦への意欲を与える

私は約40年、能力開発の仕事をしてきましたが、その間、30名ほどの研修講師を育ててきました。私の講師の育て方は徹底した現場主義です。まず、現場でマネジャーとして成果を挙げている者から登用します。マネジャーとして、部下育成、目標管理、営業等で成果を挙げることが条件です。

講師は人前で話し、質問をし、聴き、受講生に気づきの機会を与え、その能力を開発することが仕事です。マネジャーとしての実績がないと、どんな見事なプレゼンテーションも心に響かないのです。

講師になりたての人にとって、必ずぶつかる何度かの壁があります。最初の壁は、自分の言葉が聴衆に伝わらないというものです。

一通り話すことも覚え、流れも確認した。

最初の頃は夢中なので、聞き手の反応がよくわかりません。しかし、少し慣れてくると、自分の言っていることが、聞き手にいかに伝わっていないかに愕然とします。

ここで落ち込み、自分は講師に向いていないとあきらめる人もいます。

そんな時、私は必ず自分の失敗談や、挫折した体験などを話して力づけます。人に伝わらないと悩んだこと、ドモりで苦しんだこと、人前で話すのはもう止めようと思ったときのこと…。

人は誰かの失敗談を聞くのが好きです。なんとなく安心するのです。「自分だけが何でこんなめに」と思っているときほど、失敗談を聞くと心の平安を得ることができるのです。そして、「また頑張ってみよう」という力や、勇気を蓄えることができるのです。

人の成功した話や自慢話ほど、つまらないものはありません。何度かは聞けますが飽きてきます。そのうち、「あなただから出来たのでしょう」と、自分のこととして聞けなくなるのです。聞いているうちに、余計落ち込んでくるのがオチです。

日本はなし方センターの江川ひろし所長は有名です。

日本における「話し方」の第一人者で、40年にわたって、話し方教室を主宰し、その卒業生は30万人に上ります。

私が、日本はなし方センターに通ったのは30年前になります。入校式で、江川所長は話すことの重要性や、人間関係に及ぼす影響などをひとしきり話された後、自分も若い頃は話しべたで苦労されたことなどを話し始めました。

聞いている人たちは惹きつけられました。そして、勇気づけられました。

「話し方の第一人者も、最初はそうだったのか」――。

誰も、自分の失敗した話や、うまくいかなかった話はしたくないものです。できるなら隠しておきたいものです。

しかし、部下をやる気にさせようと思ったら、自分の失敗した話や、うまく行かなかった話をすることをおすすめします。部下はあなたに親近感を持ち、心を開いてくれるはずです。

自分がいかに優秀だったかの自慢話をするより、はるかにやる気にさせることができるのです。

「俺も、昔はなかなか成果が挙がらず、何度やめようと思ったかしれないよ」

「以前は、よく上司からどなられたんだ。寝れない日が続いたよ」

部下は、あなたの話にジッと耳を傾け、少しずつ勇気をとりもどしていくはずです。

ポイント

部下が落ち込んだとき勇気づけるのは上司の失敗談

3-4

言葉ではなく想いを伝えよう

>>>上辺だけの言葉では意図することが通じない

私たちが発する言葉は伝達手段の一つに過ぎません。部下に言葉を掛け、時折ほめているにも関わらず、信頼関係が築けていないというのは、上辺だけの言葉だということが部下に知られているからです。逆に、意識の底で愛情を持つと、たとえ言葉はつたなくとも、その想いは部下に通じます。

清水課長は口が悪い。

口癖は「バカヤロー！」です。何かというとすぐ「バカヤロー」と言います。言われた部下の人たちは頭にきているかというと、そうではありません。むしろ親しみを感じています。彼と部下との関係は、とてもうまくいっています。なぜでしょう。たしかに彼は人なつっこくて、憎めない人柄ですが、それだけではなさそうです。

これは清水課長の「意識の在り方」がそうさせているのです。

私たちが言葉を発するとき、その底には必ず何らかの想いがあります。その想いが言葉となって表現されるのです。そして、相手には、この想いが伝わるのです。言葉はその想いを伝える手段なのです。

発せられた言葉が、その想いを伝えるのにふさわしいものかどうかは大きな問題ですが、それでも言葉は、想いを伝える手段の一つにすぎません。つまり、私たちは何かを伝えようとするとき、言葉だけでなく全身の機能を使います。目のちょっとした動き、口元、身体の動き、間の取り方、声のトーンや速さなど、あらゆるものを総動員して伝えたいことを伝えるのです。

そして相手には、言葉そのものよりも、その人の想いが伝わっていくのです。だから、伝える側の「想いのあり方」こそが問題なのです。

人と人との信頼関係は「想いのあり方」によって築かれる

清水課長の「想いのあり方」はなんでしょう。たぶん愛情であったり、部下に対する信頼です。だから、普通だったら人を怒らせるような言葉を発しても、底にある想いが相手に伝わって、信頼関係を損ねないのです。これを野球にたとえてみましょう。

あなたがいま、本塁にいるとします。あなたが本塁から投げたボールは、一塁に投げようが三塁に投げようが、相手から見ると本塁からやって来ます。そのボールが剛速球であろうが、変化球であろうが、本塁から来ることに変わりありません。

この「本塁」があなたの「想いのあり方」です。すなわち、「愛情」という想いから投げられたボールは、誰に投げられようと、どんな言葉で投げられようと、相手から見ると「愛情」から来るのです。

＊　＊

中学生のとき、担任の先生に殴られたことがあります。平出先生といい、野球部の顧問でもありました。

若い先生で、熱血漢でした。私の通った学校は一級僻地といわれ、学校の先生がそこに赴任すると、日本で一番高い僻地手当てがもらえるほどの田舎でした。小学校と中学校が一緒になっている学校で、9学年の全校生徒を合わせても、二十数名しかいません。野球部といっても、生徒数も少なく、男子生徒も少ない。ですから小中学生の男子全員が野球部なのです。

貧しい田舎なので、野球道具もろくにありません。たしか子供たちにちゃんと野球をやらせたいということで、親たちがお金を出し合い、野球道具を買ってくれました。貧しい農家の親たちなので、お金も大変だったと思います。喜んだ私たちは夢中になって野球を楽しみました。

ある時、授業が終わって、野球の練習をしていると、にわか雨が降ってきました。かなりの雨でした。私たちは急遽、校舎の中に避難しましたが、大切なグローブをいくつかグラウンドに置きっぱなしにしました。

平出先生が、グラウンドで雨に叩かれているグローブを見つけました。それをとってきた先生は、私たちを雨のグラウンドに立たせました。そして、いきなり「バカヤロー！」と言うがはやいか、私たちにビンタを張ったのです。

「バカヤロー、何てことするんだ！」

痛かった。私たちは泣きましたが、先生も泣いていました。私は、殴られながら自分の非を深く自覚しましたが、殴っている平出先生がよけい好きになりました。みんなこの先生が好きでした。先生の「想いのあり方」を、子供ながらに感じ取っていたからです。

もし、あなたが部下をほめているのに、時々声も掛けているのに、思うほどに信頼関係が作れていないとしたら、言葉を発している自分の「想いのあり方」がどこにあるか、改めて見直してみることをすすめします。

上司は、同じ言葉でも、「想いのあり方」次第で、伝わり方がまったく違うことを知らなければなりません。

ポイント

部下に声掛けしても信頼関係が築けないのは上辺だけの声掛けだと部下に知られているから

column
上司の心得

部下を注意するときの心得

自尊心を傷つけないよう、ただし言うべきことはキチンと言う

職場では部下に対して「叱る」まではいかないものの、ちょっとした忠告や注意を与えなければならない時がよくあります。遅刻をしたとき、報連相が遅れたとき、頼んだ仕事をキチンとやっていないとき、整理整頓がなされていないとき…数えあげたらきりがありません。

目的は部下がその忠告や注意を受け入れ、しっかりと改善につなげてくれることです。そのために大切なことは、目的が果たせるためのコミュニケーションをとれているかです。

忠告したり注意すること自体が目的化してしまってはいけません。いきなり、

「ダメじゃないか」

「それは違う」

「なに考えているんだ」
「〜しろ」
と叩きつけるような言い方をしたらどうでしょう。部下の自尊心を傷つけ、反発を買うだけでしょう。

大切なことは部下がその言葉を素直に受け取ってくれるかです。コミュニケーションの多くの問題は、伝えた内容そのものよりも、伝え方で発生するものです。

部下の気持ちを汲んで肯定的な言い方で、ハッキリと、しかも明るく伝えます。

「あなたが一生懸命やっているのはわかるが〜については注意して欲しい」
「あなたならわかってもらえると思うが、〜してはいけない」
「僕だって大きなことは言えないが、これは大事なことなんだ、わかるね」

場合によっては「私はこう思うが、あなたはどう思いますか」
と相手に答えを出させるのもよいでしょう。

くれぐれもしてはいけないことは、第三者と比較することです。部下の抵抗は倍加します。

人は誰かと比較されると自尊心が傷つきます。素直になれなくなるのです。

「山田君のように、素直になれないのか」

と言われると、

「私は山田とは違います」

と言いたくなるのが人の常です。もし自分の奥さんに、

「隣の伊藤さんの奥さんは料理がとても上手いそうだ。料理教室にでも行ったらどうだ」

と言ったらどうでしょう。

「じゃ、伊藤さんの家に食べに行けばいいでしょう」

言われるのがオチです。

私はずっと比較されて育ってきました。私は1卵生双生児で兄がいます。もちろん、年も同じ。現在72歳です。

私と兄は北海道の網走の1級僻地で育ちました。

小中学校9年間の同級生は私と兄と従弟2人の4名だけです。

ずっと比較されてきました。

「和郎はできるのにどうして英郎はできないんだ」

「和郎は足が速いけど、英郎は遅いんだな」

高校は近くにないので実家から遠く離れた美幌町にある北海道立美幌高校に行きました。15歳で親元を離れ兄と2人で6畳一間に下宿です。

高校に行ってもいつも比較されました。

兄は勉強ができました。スポーツも兄の方が得意でした。

高校生活も中盤になるころ、大学をどうするかという話になりました。

兄が突然こう切り出しました。

「英郎とはもう離れたい。お前さえいなければと思うことがたくさんあった。お前が東京の大学に行きたいなら俺は北海道の大学に行く。もう、一緒はごめんだ」

実は私も同じ気持ちでした。もう、兄とは同じ場所、同じ地域にさえいたくないと思っていました。

比較されることによってどれほど自尊心が傷ついたかはかり知れません。いつも、心の中では「僕は僕なんだ!」という叫びがありました。兄も同じだったようです。

ですから、私は部下や社員を比較することは全くありません。
山田さんは山田さんの価値があり、伊藤さんには伊藤さんの価値があるのです。
それぞれの価値を有する別人格です。
部下を比較することはやめましょう。

4章

部下を
やる気にさせる
話し方

4-1 やる気のない部下をやる気にさせるには

>>> 部下の可能性を信じ、言葉をかけ、態度でも示す

どんなに励まし、ハッパをかけても、部下のやる気を引き出すことはできません。まして叱咤すれば自信を失わせるだけ。部下のやる気を引き出すには、彼らに期待していることを、言葉と態度で根気強く働きかけていくのです。部下は必ず期待に応えてくれるでしょう。


管理職を対象とした講演や研修で最も多く受ける質問があります。

「近頃の若い部下は変に冷めていて、なかなか燃えてくれない。やる気にさせるにはどうすればいいですか？」

「指示されたことはそつなくこなすが、それ以上のことはしてくれない。もっと積極性を持たせるよい方法はないでしょうか？」

「どのようにしているのですか？」と私。

「話を聞いてあげたり、励ましたり、ハッパかけたり…。会社の状況を考えると、時には怒鳴ってしまったりすることもありますよ」

だいたい、そんな答えが返ってきます。

しかし、やる気のない部下にどんなに危機感や不安感をあおって動かそうとしても、まず効果はありません。まして、あれこれ命じたり、叱り飛ばしていたら、余計やる気をなくし、自信さえも失いかねません。

結局、部下自らが変わるように仕向けていくしかないのです。

では、どうすればよいのでしょうか。

アメリカの心理学者ローゼンソールとジェイコブソンの行った実験が大変興味深く、参考になります。カルフォルニア州南部にある小学校で知能テストを行い、彼らはその解答の結果を見ることなく何人かの生徒を無作為に選び出し、先生たちに「この子たちは将来、間違いなく伸びるでしょう」と伝えました。

その生徒たちのリストをみて先生たちは驚きました。その中には成績が悪く、どうしようもない生徒も入っていたからです。

8ヵ月後、学力検査と知能検査が実施されました。その結果、無作為に選び出された生徒の平均点は、他の生徒のものよりなんと12点も高く、しかもその中から知能指数が40〜60も伸びた生徒が出たのです。

学習に対する意欲も、選び出された生徒の方がはるかに高くなっていました。

なぜこのようなことが起きたのでしょうか。

ローゼンソールらは「将来、間違いなく伸びる」と伝えられた子供に対する先生方の期待感が、さまざまな形で子供たちに伝わり、子供たちの能力を伸ばしたと説明しました。

部下の可能性を信じてやれば「ピグマリオン効果」が生まれる

人は誰しも相手の期待に応えたいという深層心理を持っています。ある人に対してある行動を期待し続けると、実際にその人はそのような行動をとるようになるとされています。このような効果を心理学では「**ピグマリオン効果**」と呼んでいます。

ピグマリオンというのは、ギリシャ神話に登場するキプロス島の若い王様の名前です。彼の趣味は彫刻で、ある時、理想とするすばらしい女性像を彫りました。その女性像があまりに魅力的だったので、彼は自分が彫ったその像に恋をしてしまいます。何とかして現実の人間の姿に変えたいと、熱烈に願うようになります。このひたむきな思いはやがて神に届き、彼の真剣な愛を知った神はこの女性像に人間としての命を与えたのです。

ピグマリオンは歓喜し、彼女に永遠の愛を誓い結婚し、子供も生まれ、いつまでも幸福に暮らしました。ピグマリオン効果の名前の由来です。

何事もあきらめずに期待し続けると、やがてその願いは叶うということを教えてくれます。部下の可能性を信じてやれば、いつしか必ず期待に応えてくれるのです。

すなわち、ピグマリオン効果に従えば、上司は部下に対して「君は必ず成果を作れる」「必ず能力を発揮してくれる」と期待を持って接し続けることが大切、というわけです。

もちろん、上司が心の中でそう思っているだけでは効果はありません。ではどのように働きかければよいのでしょうか。

まずは言葉です。

単に「頑張れ」とか「チャレンジしろ」などと尻をたたくのではなく、

「君は必ずやってくれるはずだ」

「信じているよ」

「君に任せれば安心だ」

と期待を込めた言葉をかけ続けるのです。

さらに態度にしても、微笑みかけたり、相談に乗ってあげたり、できるだけ部下に対する関心を示し、期待感を伝えるのです。

上司に期待されていることを実感した部下は、その期待に応えようと努力します。

ある職場に会議にいつも遅刻する男がいました。

彼の上司はそのたびに注意し、時には怒鳴り散らすこともありました。

「何時だと思っているんだ」

「いいかげんにしろ」

しかし、一向に直りません。彼の遅刻癖は社内でも評判です。

彼の後任の上司は、違うやり方で彼に接し続けました。彼が遅刻するたびに、

「いいところに来てくれた。君の意見を聞きたいと思っていたんだ」

「君を待っていたんだ。よかったよ」

と伝え続けたのです。

彼の遅刻は、みるみる減りはじめ、会議に対する取り組む姿勢も前向きになり、時には自ら発言さえするようになりました。

以前、あるテレビ番組で女子高生が不良仲間とつき合いはじめ、家出を繰り返し、友人の家を泊まり歩き、転落していく姿を撮ったドキュメンタリー番組がありました。

最終的に彼女は立ち直っていくのですが、彼女を立ち直らせたキッカケは、父親から送られてきた手紙の中に書いてあった最後の一行でした。

「どんなことがあっても、お前のことを信じているよ」

その言葉が、いつも頭にあり、ここというとき自分を踏みとどまらせてくれたというのです。

どんなにやる気のないように見える部下の中にも、深いところにはやる気があり、できれば人の期待や信頼に応えたいという気持ちはあるものです。その部分に、根気強く働きかけていけば、遠からずそのように行動してくれるものです。

ポイント

期待していることを言葉と態度で働きかけ続ける

4-2

質問の仕方を工夫する

>>> 考え、気づかせるプロセスこそが部下を鍛える

上司が効果的な質問をすると、部下は考え、やる気がわき、行動へと移します。かと言って、ただ問えばよいというものではありません。では、どんな質問をすればよいのでしょうか？　たとえば「なぜ？」と聞きたくなったら「なに？」を使って問いかけましょう。それだけで部下のモチベーションは高まります。

部下の能力を引き出し、やる気にさせるには、部下に多く「質問」することが大切です。質問されると部下は答えようとして「考え」ます。考えるプロセスの中でさまざまなことに「気づく」のです。そこからいろいろな知恵が働き、「工夫」が生まれるのです。

この**「質問→考える→気づく→工夫」のプロセスこそが、部下を鍛える**のです。

たいていの上司は部下に質問をしません。四六時中「ああしろ」「こうしろ」と指示を

出すだけです。これでは部下は自分で考えようとせず、いつまでたっても育ちません。

また、質問をするといっても、ただすればいいというものでもありません。質問の目的は、部下の可能性を最大限に引き出すことだからです。

そのためには質問をする際、部下の表面的な顕在意識ではなく、深層にある潜在意識に問いかけるような質問をします。そうした質問をすることによって、部下は考え、気づき、自己の可能性を拡大していくのです。

では部下の潜在意識に問いかける質問とは、どのようなものでしょうか。知っておきたい3種類を紹介します。

①複数の答えが考えられる「拡大質問」

「**拡大質問**」とは、質問された人が考えないと、すぐには答えられないような質問、あるいは答えが複数あるような質問の仕方です。たとえば、

「あなたは、どうしたいのですか?」

「最善の策は何ですか?」

「あなたはどう思う?」

などです。このような質問をされると、部下は考えます。質問が、部下の潜在意識に問いかけられているからです。

これに対して、「**特定質問**」という質問の仕方があります。

これは、質問された人があまり考えなくても、簡単に答えられるようなものです。

「今日は何曜日ですか？」

「あなたの上司は誰ですか？」

「あなたは、中途入社ですか？」

すなわち、正解が一つしかなく、誰が答えても基本的には同じ答えが返ってくるものであったり、「はい」「いいえ」で答えられるような質問です。質問される人の表面的な意識に問いかけられるので、潜在意識を使わなくても答えることができるのです。

この「特定質問」は、ものごとを確認したり、確かめたりする時に有効です。しかし部下に考えさせ、気づかせようとするなら、潜在意識に問いかける「拡大質問」を多く用いるべきです。

②自由な発想を引き出す「未来質問」

「**未来質問**」とは、質問の中に未来形の言葉を含んだ質問を言います。たとえば、

「あなたは、これからどうしたいのですか？」

「それを実現するにはどんな方法がありますか？」

といった質問です。

質問の目的はあくまで部下の可能性を引き出すことです。「可能性」は過去ではなく、未来にこそあります。未来に向かって何を実現するかが、まさに問題なのです。ですから未来に向かって考えさせる質問が効果的なのです。

これに対して、質問の中に過去形を含む質問を「**過去質問**」と言います。

「これまではどうだったのか？」

「どうして、やらなかったの？」

過去質問によって引き出されるのは、ほとんど過去の記憶です。この質問は原因を分析したり、データを検証するのには役立ちますが、未来に向かって可能性を広げることにはつながりません。なぜなら、過去の体験によって作られるパラダイムこそが、私たちの未来の可能性を限定するからです。

「今までどうだった？」と聞かれると「駄目でした」の後に、「ですから、これからも駄

目です」と付け加えたくなります。人はどうしても過去の延長線上に未来を考えるものだからです。

これからは「いままでどうだった？」と聞く代わりに、

「どうしたらうまくいくと思う？」

と聞いてあげましょう。過去にとらわれない部下の自由な発想を引き出すことができるはずです。

③可能性に目を向ける「肯定質問」

「**肯定質問**」とは、質問の中に肯定形の言葉を含んだ質問を言います。たとえば、

「どのようにしたらうまくいくと思いますか？」

「はっきりしていることは何ですか？」

といったものです。

ここで作り出したいのは、未来に向かって可能性を広げることですから、部下の意識を未来に向けさせ、そこで考えさせることが必要になってきます。

これに対して、質問の中に否定形の言葉を含んだ質問を「**否定質問**」と言います。

「どうしてうまくいかないんだ？」

「はっきりしていないことは何なんだ？」

などの質問を言います。

形としては拡大質問ですが、質問された部下の意識の方向性がまったく違います。すなわち否定質問をされると、うまくいっていない否定的な方向へと意識づけされてしまい、「どうしたらうまくいくのか？」という可能性を見なくなってしまうからです。

たとえば、子供が3教科のうち2教科では90点だったが、残り1教科が30点だったとしましょう。あなたならどうしますか？　ここでもし30点の教科を問題視し、

「なぜ30点しか取れなかったんだ？」

とやってしまうと、子供は30点の方ばかり見るようになり、自分の可能性を見出すことができません。逆にあなたが90点の方に意識を向け、

「どうしたら90点も取れるの？　スゴーイ！」

とやったら子供は自慢げにその教科についてはかなり勉強したこと、わかる人に聞いたことなどを答えるかも知れません。

そのプロセスの中で、30点の教科もどうしたら90点になるか、自分で気づいていけるか

もしれません。あるいは、「何で30点しか取れないの？」と聞く代わりに、「ほかの2教科のように90点取るためにはどうしたらいい？」と聞いてあげる方が、はるかに意識は可能性に向いており、そこで作り出される結果も違ってくるでしょう。

同じように部下への質問は、肯定質問を心がけましょう。

部下への質問は「なぜ？」ではなく、「なに？」を使う

上司が部下にもっとも使う質問の一つに、「なぜ？」「どうして？」があります。

「なぜ、目標を達成できないんだ？」

「どうして、A社に先を越されたんだ？」

「なぜ？」と聞かれると、聞かれた方は反射的にあまり良い気持ちがしません。私たちにとって「なぜ？」と聞かれるのは、子供のころからほとんど「悪いこと」をした時か、「できなかった」時だからです。

「なぜ、こんな成績なんだ？」「どうして、悪いことばかりするんだ？」――

「なぜ？」「どうして？」と聞かれると、たいていの人は子供のころの体験がよみがえり、責められている気持ちになります。そこで、つい萎縮したり、防御的な言い訳をしてしま

います。これでは「質問」ではなく「詰問」です。

質問の目的は、あくまでも部下の能力を引き出し、可能性を実現することです。詰問で言い訳を引き出し、責任を追及したところで何も生まれません。

「なぜ?」と聞きたくなったら、できるだけ「なに?」と聞いてみましょう。「ぜ」と「に」の一字だけの違いですが、生まれる結果はまったく違ったものになります。

部下になったつもりで、その違いを実際に体験してみましょう。

「なぜ」を使った会話

上司「君は、今期の予算を70%しか達成していないが、なぜだ?」
部下「値下げの要求が激しくてうまく対応できないんです」
上司「なぜ、対応できないんだ?」
部下「競合があまりにも多くて、的がしぼれないんですよ」
上司「そんなことは言い訳だ。言い訳なんか聞きたくない」
部下「・・・・」

このように言われた部下はやる気になるでしょうか。ただ、責められているとしか感じないでしょう。この会話からは部下の「考える」ということも、次の行動への新たなモチベーションも、予算未達成の真の原因探求も、何も生み出されていません。

上司は「言い訳なんか聞きたくない」と言っていますが、言い訳を引き出すような聞き方をしているのです。これを「なに」を使った会話に変えてみましょう。

「なに」を使った会話

上司「君は、今期の予算70％しか達成していないが、どうしたらクリアできると思う？」

部下「値下げの要求が激しいので、それにうまく対応できたら、何とかなると思うのですが…」

上司「そのためにはなにが必要だろう？」

部下「競合があまりに多いので、的を絞り、他社よりも付加価値をつけることです」

上司「付加価値としては何が考えられるか、ぜひ知恵を絞ってくれないか？」

部下「はい」

上司「そのためにまず、なにができるかね？」

部下「まず、この分野で売上げが伸びている価格帯はどこか、そこから調べてみます」

ここでは部下は原因分析からすすんで、新たな提案、行動へと自分自身を展開しています。

＊　＊

職場の中で、質問は部下から上司に対してなされるのが一般的です。なぜなら質問は、「わからないこと」を教えてもらうためのコミュニケーションだからです。

しかし質問には、考え、気づかせることによって、相手の可能性を引き出すという大切な機能があります。ですから、上司こそ部下に効果的な質問をして、その力を引き出してやるべきなのです。

ポイント

部下に考え、気づかせるには、問い掛けを「なぜ」ではなく「なに」に変えてみる

4-3

部下との人間関係を破壊する7つの習慣

外的コントロールで人は動かない

上司であるあなたの仕事は部下の主体性を引き出し、やる気にさせ、成長に導くことです。その結果をつくるうえで前提となるのが部下との人間関係です。その良し悪しは部下のモチベーションに大きな影響を与えます。良い人間関係を築く関わり方の前に、人との人間関係を破壊するような関わり方を示しましょう。親子関係、夫婦関係なども同じです。

2章で紹介した選択理論心理学を提唱したウィリアム・グラッサー博士は、多くの人は次のような習慣の中にいて人間関係を悪化させていると述べています（これを「人間関係を破壊する致命的な7つの習慣（7deadly habits）」と言います）。部下に対して使っていないか振り返ってみてください（次ページ図参照）。

図表4-1　人間関係を破壊する7つの習慣

1. 他者をけなし、批判する
2. 他者の責任にし、責める
3. 他者を受容せず、文句を言う
4. 他者を認めず、ガミガミ言う
5. 他者に強制するために、脅す
6. 他者を見下げ、罰を与える
7. 他者を服従させようと、褒美でつる

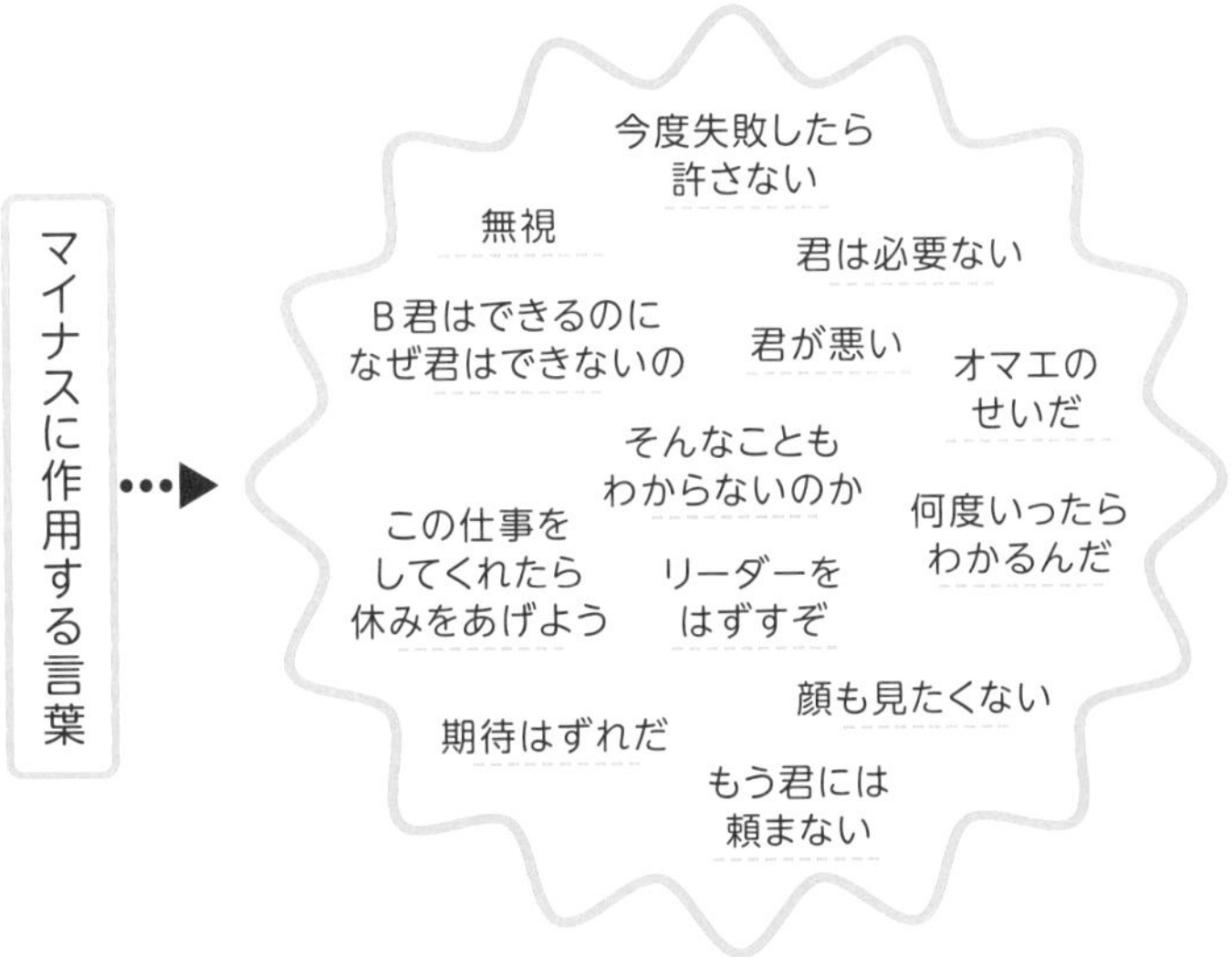
マイナスに作用する言葉
今度失敗したら許さない
無視
君は必要ない
B君はできるのになぜ君はできないの
君が悪い
オマエのせいだ
そんなこともわからないのか
何度いったらわかるんだ
この仕事をしてくれたら休みをあげよう
リーダーをはずすぞ
顔も見たくない
期待はずれだ
もう君には頼まない

①批判する

批判されて嬉しい人は誰もいません。批判する人を嫌いになるだけです。

②責める

叱るというのは部下の過ちを正すことですが、責めるというのは相手を追い込んでしまうものです。責められることが長く続けば、人間関係は間違いなく修復不能になるでしょう。

③文句を言う

文句からは何も生まれません。文句ばかり言う上司に、部下が好意を抱くこともあり得ません。

④ガミガミ言う

注意するにしても同じことを何度も言うのはくどいだけです。部下からすると「もう勘弁して」となるでしょう。

⑤脅す

部下を怯えさせ、ねじ伏せようという関わり方は、部下の精神的な自由を奪います。部下はあなたの権力や地位に従うことはあっても、あなた自身に従うことはありません。

⑥罰を与える

失敗した部下は最も傷ついています。そんなとき罰を与えてしまっては、ただ恐れを抱かせるだけです。行動改善には決してつながらないでしょう。

⑦目先の褒美でつる

人は誰でも褒美を与えられることは好きです。しかし、褒美でつられ続けると、仕事本来の目的よりも褒美のために仕事をするようになります。褒美がなくなるとモチベーションは落ちます。

いかがでしょう？　皆さん、こんな対応を部下に使っていませんか？

これらの関わりは**外的コントロール**の典型です。

外的コントロールというのは、２章で説明した外からの刺激によって人をコントロールしようという関わり方です。ここに目的語を入れればより明快になります。

「相手を」批判する
「相手を」責める
「相手に」文句を言う
「相手に」ガミガミ言う
「相手を」脅す
「相手に」罰を与える
「相手を」コントロールしようとして褒美でつる

多くの上司は大なり小なり部下をコントロールしようとして、これらの関わりをしています。この致命的な７つの習慣を使わなくなるだけで人間関係は劇的に改善されます。

＊　　＊

Ｗ氏はやり手の社長です。彼の社員面談はまさに外的コントロールのオンパレードでした。

「なぜ、やらないんだ」

「君のせいでどれだけの人が迷惑を被っているんだ」

「言い訳するな」

部下の話はほとんど聞きません。

W氏は社員を育てようと必死でした。しかし、必死になればなるほど社員を批判し、責め、文句を言うようになります。

定期面談が終わると必ず何人かの社員は「ちょっとお話が」と言ってきます。離職率はなんと80%。W氏も離職の対応と、採用面談で疲れ果ててしまいました。

その後、彼は選択理論を学び、如何に自分が外的コントロールを使っていたのかを自覚します。やがて彼は外的コントロールを一切やめました。

実は彼には恐れがありました。生ぬるい職場になって成果が落ちるのではないかと。しかしその心配は杞憂でした。職場の雰囲気は一変したのです。

少しずつ「身につけたい7つの習慣」(次項参照)にもチャレンジしていきました。

それから3年、何と離職率0%となり、売上げも過去最高を更新し続けています。

たしかに職場は結果を出す場であって、良好な人間関係を築くことが第一義的な目的ではないとも言えます。しかし、そこで結果をつくろうと頑張っているのは「人」です。
特に、上司と部下との人間関係は、部下の成長や組織成果に多大な影響を与えます。如何に成果が出ても人間関係が悪ければ離職などで早晩成果は落ちるでしょう。**良好な人間関係は成果を作るための土台**なのです。

ポイント

上司は部下との人間関係を壊す7つの習慣を知り、これを厳に慎むよう心掛ける

4-4

部下との人間関係を確立する7つの習慣

部下から信頼され、人間関係を築くために

部下の主体性を引き出すために必要なのは、上司自身が変わること。人間関係を良くするために知っておきたい7つの習慣。

グラッサー博士は前項で紹介した「人間関係を破壊する7つの習慣」とともに「人間関係を良くするための7つの習慣（7caring habits）」も提唱しています。この関わりを使い習慣にすると、人間関係は格段に良くなります。部下からの信頼度や好感度も上げることができます（153ページ図参照）。

①傾聴する

部下は何よりあなたに聞いてもらいたい、理解してもらいたいと思っています。

上司である**あなたに聞いてもらうことによって部下は愛と所属の欲求や力の欲求を満たすことができる**のです。部下の話に耳を傾け、質問しながら話を掘り下げていきましょう。

②支援する

上司の仕事は部下を育てることです。部下の目標達成を支援し、上司としてできることをします。

③励ます

部下に、「よく頑張っているね」「あなたなら必ずできる」と励まし続けましょう。部下に勇気を与えます。

④尊敬する

図表4-2　人間関係を確立する7つの習慣

1 傾聴する
2 支援する
3 励ます
4 尊敬する
5 信頼する
6 受容する
7 意見の違いについて交渉する

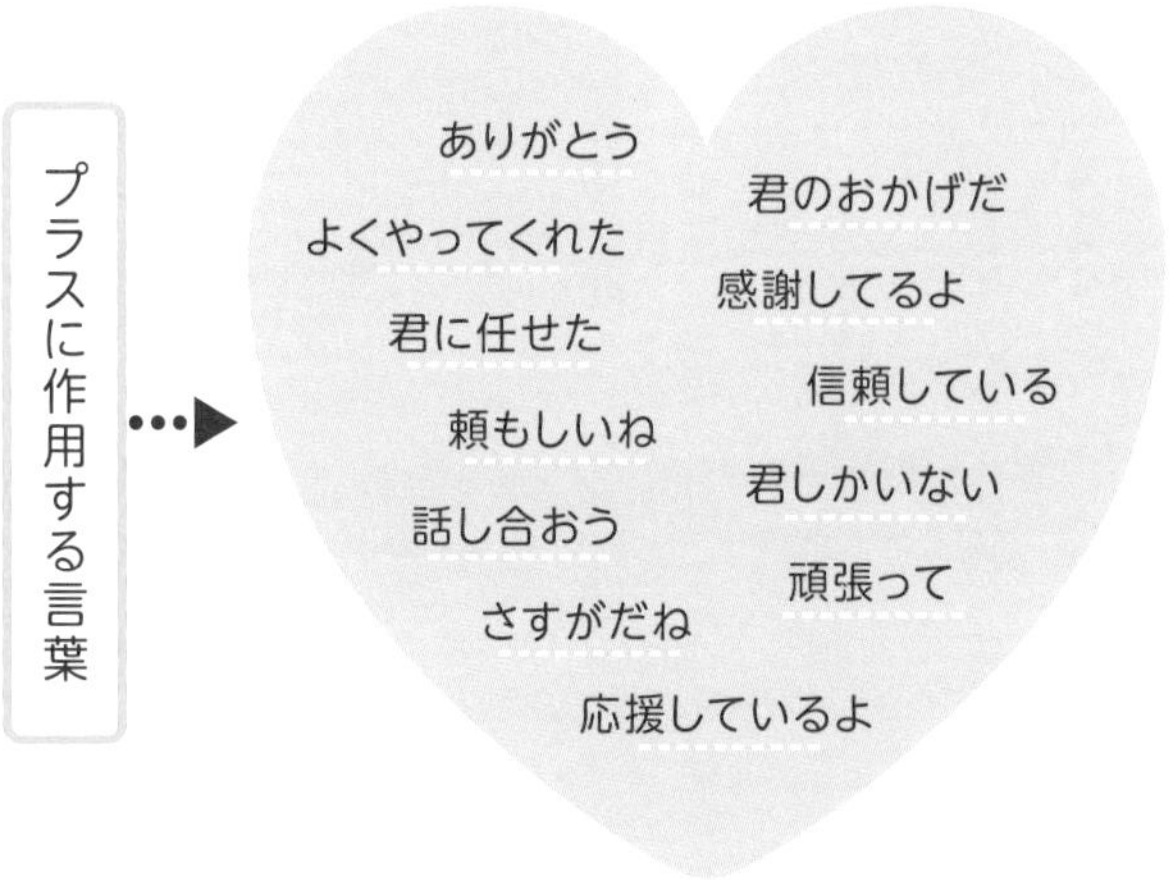

部下を一人の人間として尊敬し、尊重します。

上司だから偉いというわけではありません。人間的には全くのフェアーです。役割として上司であるだけです。勘違いしないでください。部下がいるからあなたは上司としての仕事ができるのです。

＊　　　＊

Ａさんは、大手の人材派遣会社の課長です。

彼の口癖は「俺を誰だと思っているんだ」「俺を泣かせるな」です。

仕事はそこそこできます。しかし、彼は孤独です。休憩時間も、食事時間も彼はいつも一人です。業務で止む負えない場合以外、誰も近づきません。結果、部下育成もままなりません。

役職は課長職ですが、直属の部下はいません。

肩書や役職は組織の中におけるその人の役割です。人として部下を尊敬、尊重しているか、あるいは軽んじているかは部下に明確に伝わっていきます。

⑤信頼する

部下はあなたの大切なパートナーです。部下からの信頼を得たいと思ったら、あなたから部下を信頼することです。部下からの協力が得られなければ、あなたは上司としての仕事ができないのです。

⑥受容する

部下の言葉、感情などを自分の価値観で安易に批判したり、評価したりせず、そのままありのまま受け止め、承認することです。

人はそれぞれ違う価値観を持っています。部下の考えは上司と違うことの方が多いのです。否定するのではなく相手の価値観、考えを理解しようとし、しっかりと受け止めてあげましょう。妥協するということではありません。部下はそういう価値観を持っており、そういう考えを持っていることを受け止めるということです。

部下は自分をしっかりと受け止めてくれる上司に心を開くのです。

⑦意見の違いについて交渉する

部下と意見の違うこともあるでしょう。

それを、一概に「間違いだ」と評価してはいけません。私はよく「違いは違いであって間違いではない」と言います。

違いがあるからよいのです。**違いがあるからこそ創造性が生まれる**のです。

冷静に話し合いましょう。

いかがですか。これらのコミュニケーションは相手を変えるコミュニケーションではありません。主語は「私」です。すなわち、

「私は」傾聴する
「私は」支援する
「私は」励ます
「私は」尊敬する
「私は」信頼する
「私は」受容する
「私は」意見の違いについて交渉する

部下と良い人間関係をつくり、主体性を引き出すために変わらなければならないのは上

司であるあなたなのです。

部下と関わるとき、「この言葉や行動は私と部下との距離を近づけるだろうか、それとも離してしまうだろうか」と考えてから選択しましょう。すると外的コントロールを使うことは減り、それとともに人間関係は良くなっていきます。

ポイント

部下との人間関係を築くためには、上司自身が7つの習慣を身につける

4-5

実績のある年上の部下との接し方

>>>部下でいてくれることに感謝し、相談やお願いごとを持ちかける

年上の部下は知恵の宝庫。彼らのよいところを認め、相談ごとやお願いごとをどんどんしましょう。彼らが気持ちよく、よい仕事をしてくれることこそ最優先すべきこと。あなたのプライドなど、いったん脇に置いておく腹づもりが必要です。

元日本ハム監督の上田利治さんが野球の殿堂入りを果たしたときの話です。彼のプロ野球選手としての活躍は短期間でした。

徳島・海南高から関西大に進み、後の阪神のエース村山実氏とバッテリーを組んで、全日本大学選手権で優勝。59年に頭脳派捕手として広島に入団します。

通算56安打、打率2割1分8厘。実働3年で現役引退。しかし、優れた野球理論と情熱

を周りは放ってはおきませんでした。62年、25歳の若さで広島のコーチになり、71年から阪急のコーチへ。当時の西本幸雄監督の説得で、74年から監督に就きました。

コーチ時代に培った指導法と人脈を下地に、75年から3年連続日本一を達成しました。「ウエさんは選手の使い方がうまかった」と、彼の元で働いた選手の多くは言います。

ウエさんの口癖は「僕にはできんかったが、君の力ならいけるで」でした。そういわれて気を悪くする選手はいません。選手時代の実績のなさや、年下であることを、逆に持ち味にする懐の深さが彼にはありました。

年功序列が崩れ、成果主義を導入する企業が増えています。自分より年上の社員を部下に持ったり、自分より実績のある部下を持つ管理職も増えています。なかにはかつての先輩、時には上司が、今は自分の部下というケースもめずらしくありません。

このような場合、上司はどのように部下と関わったらいいのか頭を悩ませることが多いようです。上司風を吹かせて、「ああしろ」「こうしろ」というのでは、反発を買うだけです。かれらの力を十分に引き出すことはできません。

私も今まで、年上や、自分より実績のある人を部下として持ってきました。大切なことは、彼らの自尊心やプライドを傷つけてはいけないということです。

彼らの良いところは素直に認めて、こちらからお願いや相談を持ちかけ、場合によっては教えを請うのです。

自分のプライドは脇に置き、彼らによい仕事をしてもらえる環境を整える

上司だからといって、偉いわけではありません。ただ、役割としてそうなっているだけです。

「これ、どうしたらいいでしょう?」
「知恵をお借りしたいのですが…」
「あなたの力を貸していただけませんか?」

力のある彼らは、きっと気持ちよく力を発揮してくれるはずです。

時には、組織の改革にとって、彼らの存在が障害になることがあるかもしれません。「私らはあと数年で定年。いまさら新しいことはしたくない」という部下も出てくるでしょう。そういうときこそ、彼らの自尊心に訴えかけ、「あなたの力が必要です」と、お願いするのです。

さらに大切なことは、感謝の気持ちを伝えることです。

年上の人や、実績に自信のある人の立場に立ってみると、自分より若い人や実績の劣る人が上司になるというのは、どんな気持ちでしょう。実際にそういう人に聞いてみたことがありますが、まず、自尊心が傷つく。さらに、自分のやってきたことや、存在そのものが無視されたような気持ちになるといいます。だから、今までの功績に感謝し、部下でいてくれることに対して感謝を伝えることが大切なのです。

「いつも、ありがとうございます」

と、ことあるごとに伝えましょう。

上司であるあなたのプライドは一旦脇において、彼らにどんどん相談やお願いをし、感謝の気持ちもたくさん伝えるのです。最優先にしなければならないのは、彼らが気持ちよく、良い仕事をしてくれることなのです。

ポイント

年上の部下には相談や願いごとをどんどんする

4-6 部下の意識を鼓舞する話し方

部下の行っていることを承認する、魅力的な未来を見せる

仕事の成果が上がりづらい状況が続く中で、上司には部下の気持ちを奮い立たせなければならない機会が増えています。といって、ただ「ガンバレ！」と言うだけでは効果は上がりません。部下の意識を変え、成果の上がる行動をとらせるためには、二つの要素が必要です。

管理職になると、あらゆる場面で大勢の部下の前で話をする機会が増えてきます。会議の前後、懇親会、仕事の打ち上げ会、送別会、歓迎会、転職時や勉強会での挨拶…。話をするとき大切なのは、**この話によってどういう結果を作りたいのかという目的を明確にする**ことです。

すなわち、話をする前に作り出したい結果を想定し、途中で自分の話がその目的に沿っ

ているかを確認し、終わった後で評価するのです。

では、今日のように、仕事の成果がなかなか上がりづらいとき、部下の意識を鼓舞することを目的にするとしたら、どんな話し方をすればよいのでしょうか。さまざまな要素がありますが、基本的には次の二つが大切です。

部下の行っていることを承認する

一つは、今やっていることに対してアクノリッジメントがあることです。アクノリッジメントとは**「承認する」**という意味です。「私はあなたの存在を認めている」ということを伝える行為、言葉をいいます。

人間の本能的欲求の一つに「愛と所属の欲求」があります。すなわち、私たちは誰とも関わりを持たずにたった一人で生きてゆくことはできません。太古の昔から人と協力関係を作ることによって生き延びてきた種族なのです。

私たちは誰でも家庭、友人、会社、仲間などに所属して生きようとする性質を持っています。すなわち、結婚をする、友情を求める、組織に所属したい、同僚と仲良くやりたいという欲求です。この欲求が満たされないと、孤独感に陥ったり、自分の行っていることがチームの役に立っていないと思い、限りない無力感と不安感を抱くのです。

人は誰しも自分の存在がチームにとって必要不可欠で、かつ、いま行っていることがチームに貢献していると思いたいのです。その欲求が満たされると、人はエネルギーをチャージできるのです。

ですから、誰かの意識を鼓舞しようと思ったら、まず彼らの存在、その行っていることをアクノリッジするのです。

「精一杯頑張ってくれている皆さんに心から感謝します」

「大変な時期ですが、皆さんはよくやってくれていると思います」

「皆さんの行っていることは、世の中に役に立つすばらしいことなのです」

このアクノリッジメントがないまま「皆さん、状況は厳しいのです。もう少し頑張ってください」といきなり始めたらどうでしょう。聞いている人は「またか」と無力感におそわれてしまうだけでしょう。

具体的で魅力的な未来を見せる

もう一つ大切なことは「**魅力的な未来**」を見せてあげることです。

人間は、言葉そのものによって行動を起こすわけではありません。言葉によって作られたイメージに向かって行動を起こすのです。このイメージは具体的であればあるほど行動につながりやすいもの。

たとえば、「今年、頑張ってくれたら3億円あげましょう」といわれると、誰だって死に物狂いでやるでしょう。それは3億円そのものがやる気にさせるのではなく、3億円というお金からもたらされるイメージがやる気にさせるのです。

それだけのお金があれば、海外に行ける、家も買える、遊んで暮らせる、お金の心配をしなくていいなどイメージできることが大切なのです。

ですから、人を鼓舞しようと思ったら、具体的で魅力的な未来を見せてあげることです。それがイメージできるまで何度も伝え続けるのです。

「この会社を、将来日本一にして皆さんには日本一の給料を取ってもらいたい」

「このプロジェクトが完成したら、みんなで旅行に行ってドンチャン騒ぎをしよう」

「これができたら、お客様によろこばれるぞー」

多くの管理職は、山の頂上から見る眺めがどんなにすばらしいかを語らないで、ただ「とにかく登れ！」「もっと早く！」といっているようなものです。

人を鼓舞しようと思ったら、将来こういう未来を作ろうというビジョンを、聞き手がイメージできるまで話し続けるのです。

＊　＊

研修に関して、よくする体験があります。私は年間約２００日研修に入っています。企業研修では研修の始まる前に、人事の担当者の人が必ず講師の私を参加者に紹介してくれます。

この紹介の仕方によって、参加者の取り組む姿勢がまったく違ってしまうのです。最悪はこうです。

「研修を受けたからといって、皆さんがすぐ変わるというものではありませんし、今の課題が解決されるというわけではありませんが、せっかくですから何かは得てください」

こんな紹介はない方がいい。３日間の研修の先にどんな魅力的な未来があるか、まったく見せていません。やりづらいことこの上もありません。ベストはこうです。

「私も以前この研修を受けましたが、とてもたくさんの気づきがありました。参加した方は皆さんそう言います。研修後のリーダーシップのとり方に確実な変化があります。楽しみに参加してください」

参加者に、魅力的な未来をイメージ化できるように伝えています。参加者の意識が鼓舞されるのです。こういう研修では最初から腕を組んだり足を組んでる人はまずいません。取り組む姿勢が違うのです。

＊　＊

あなたの部下は、魅力的な未来のイメージに向かって行動しているでしょうか。それとも先の見えない暗闇に向かって日々行動することを余儀なくされているでしょうか。

それは、上司であるあなたにかかっています。

ポイント

部下を奮い立たせるためには具体的で魅力的な未来を見せる

column

上司の心得

会社の悪口やグチは言わない

悪口を言うのは我が身の恥をさらすようなもの。必ず見くびられる

悪口を言う人で信頼される人はまずいません。

悪口やグチ、批判などは話をしていて楽しいものです。だからつい言い出してしまったり、人が言うのに同調してしまうことが多いものです。

ある会社の管理職研修の懇親会で、たまたまある管理職に「社長さんはどんな人ですか?」と尋ねてみました。

すると、彼はとうとうと社長の悪口、会社の悪口を言い始めたのです。

「実は、うちは同族経営なんですよ。社長はワンマンで、われわれの話なんて聞きません。それにあまり経営能力はありません。社員はみんな諦めています。先が知れてるんです。どんなに頑張ったって、役員になんかなれっこありませんし…。社長も我々のことなんて本気で考えてくれていません。すべての問題はそこから出て

きているんです」

言い出したら止まらない。きっと彼は同じことをいろんな人に言っているに違いありません。聞いていると辟易してしまいます。

会社の悪口を言うのはわが身の恥をさらすのと同じです。

私は彼に「そんなに不満があるなら辞めたらどうなんですか?」と言ったところ、彼はよほど驚いたらしく「えっ」と、つまってしまい、口ごもってしまいました。

私は一生懸命研修に参加してくれた彼に対して、信頼の気持ちがすっかり無くなってしまいました。またそう言われた社長さんに対しても、あまり良い印象を持たなくなってしまいました。

また、電車などの乗り物の中で同僚や上司を批判する人を見かけます。同意を得たいのか普通よりも声高に話す人間もいます。取引先や知り合いが聞いたらどう感じるでしょう。

公共の場で会社関係の話をするのは避けなければなりません。

繰り返しますが、人の悪口を言って得られるものは何もありません。失うものばかりです。

やる気のある部下は去り、文句のある部下だけが集まる

特に上司は部下に会社の悪口やグチを言ってはいけません。部下は間違いなくあなたに対する信頼感や尊敬の気持ちを失うはずです。その上司は必ず見くびられます。

やる気のある部下はあなたの元を去り、グチや文句の言いたい部下が周りに集まってくるだけです。

もしどうしても悪口やグチを言いたくなったら、それを課題に変えて言うべきでしょう。

「うちの会社はわれわれの意見を取り上げてくれない」と言いたくなったら、「取り上げてくれるように提案するにはどうしたらいいか」と言い換えてみることです。

「上は自分のことしか考えていない」と言いたくなったら、「部門間の協力体制を作るにはどんな方策があるか」と言い換えてみましょう。

悪口やグチや批判をやめるには、かなり意識的にする必要があります。特に部下の前では決してしないと決めることです。もし部下がそれを言ってきたら、静かに聞いてはあげても同調はしてはいけません。むしろ「ではどうしたらよいのか」と建設的な提案に変えてあげましょう。

ともかく、リーダーは無責任な悪口やグチとはかかわりを持つべきではありません。責任あるリーダーのするべきことではないのです。

5章

部下に
自信を持たせる
話し方

5-1

「ほめ上手」は育て上手

人の長所を見い出しほめるのはリーダーに不可欠な能力

すぐ目につきやすい人の欠点を指摘するのは簡単ですが、長所を見つけ出すのは難しい。その人に関心と愛情を持たないと、見つけられるものではないからです。上司は部下の長所をいつも探し、心からほめなければなりません。部下はほめられ、評価してくれた上司に、大きな愛情を感じるでしょう。

リーダーは部下から特別に好かれる必要はないかもしれません。

しかし、少なくとも人間として好感を持たれることは必要です。そもそも部下から嫌われているのなら、部下と良いコミュニケーションをとることは難しい。

人は誰でも人間関係の中で生きています。好感を持たれるというのは、良い人間関係を作り出すための不可欠な条件です。

「好感」をもたれるために必要なことは、まず人の長所をほめる習慣を持つことです。

長所をほめられて嬉しくないという人はいません。ほめ言葉の根底には、その人に対する好意があるからです。

しかし、ほめることに対して警戒的なリーダーは多くいます。「ほめると図に乗りますからね」「いい気になってかえって扱いにくくなるんですよ」と警戒するのです。

しかし、これは「ほめる」コミュニケーションを正しく理解していません。

「ほめる」のは、何もその場かぎりの調子の良い言葉をかけることではありません。

部下に対してならば、部下一人ひとりの性格や仕事の状況を把握し、彼らの能力とやる気を引き出すことを目的として、心から各人に応じたほめ言葉をかけることなのです。お世辞ではないのです。

人の欠点を指摘するのは簡単だが、ほめるのは難しい

半導体製造装置メーカーの白石部長は人を育てる達人です。

本物のほめ上手なのです。タイミングよく部下をほめます。

「よく勉強しているね」と目に見えない努力を讃え、「ありがとう、君のおかげだ」と部

下の貢献に感謝し、「大丈夫、君ならできるよ」と部下を励ますのです。

彼の職場は活力にあふれ、緊張感の中にも笑顔が絶えません。

誰も白石部長に対して、「口がうまいから」などという人はいません。誰もが彼に好意を抱いています。

それは彼のほめ言葉には相手を思いやり、相手を大切にするという心があるからです。

部下を動かすために口先だけで言っているのではなく、心からそう思い、心から伝えているのです。

幕末の志士・吉田松陰の「賞賛教育法」は有名です。彼が松下村塾で若者を指導したのはわずか2年半に過ぎませんでしたが、この短期間の間に彼の元から高杉晋作、伊藤博文、久坂玄瑞など明治維新の原動力となる人たちが育っていきました。「その才は比べる人がいない」と久坂玄瑞を絶賛し、「その博識ぶりは右に出るものがいない」と高杉晋作を褒め称えたのです。

人は自分の長所をすばやく見抜き、評価してくれるリーダーには大きな愛情を感じるものです。

私は人の長所を見い出しほめるというのは、リーダーとしての能力であると思います。

人の欠点ばかり指摘する上司は大勢います。

欠点を指摘するのは簡単です。すぐ目に付きやすいからです。しかし長所を見つけるには、その人に関心と愛情を持たなければなりません。さらに、こちらの気持ちが素直でなければなりません。張り合う気持ちがあったり、嫉妬心があってはいけないのです。

部下を本気で育てようと思ったら、上司は部下の長所をいつも探し、心からほめなければなりません。部下はほめられたいのです。

俳優の高倉健氏のエッセイ集に『あなたにほめられたくて』（集英社刊）があります。

この中で高倉さんはこう述べています。

「お母さん。僕はあなたにほめられたくて、それだけで30年間駆け続けてこれました」

リーダーは人の長所をほめる習慣を身につけなければなりません。

ポイント

上司は部下の長所をいつも探し、心からほめる

5-2

「ほめる」ことのすごい力

時には人の人生を変えるだけのパワーを持つ

たった一言のほめ言葉が、言われた人の人生を変えてしまうことがあります。そのときの嬉しさ、感動が自信となって、こころに残る宝となるからです。上司は、ほめ言葉の持つこの力を自覚し、部下の力を引き出すには、どんな「ほめ方」をすればよいか、常に考えましょう。

一人の男がいました。

島秋人といいます。死刑囚です。殺人を犯したのです。

幼児期を満洲で過ごし、敗戦で父母と着の身着のままで新潟県柏崎に引き揚げてきましたが、父親の仕事がうまくいかず、困窮した生活を送らなければなりませんでした。食べものにも事欠く暮らしの無理がたたり、まもなく母親は栄養失調と結核で亡くなってしまいます。それだけでなく、彼自身も小さい時から虚弱で、重症のカリエスを病み、7年間もギプスをはめていました。その後、耳を患って難聴となり、鼻も変調をきたし臭覚も充分ではなくなります。

小学校から中学校の9年間は勉強が全然わからず、成績はいつも一番下でした。どの教科もできませんでした。

小学校5年生の国語のテストで0点を取ったとき、担任の先生から「お前は低脳だ」と言われ、足で蹴飛ばされ棒で袋叩きにされます。

「ぼくにとって学校は地獄でした」と、後に彼は述懐しています。

母のいない寂しさと、家の貧しさと、勉強ができないという理由で、担任からも級友からも疎んじられ、父にも冷たく扱われた彼は、性格もすさみ自暴自棄を繰り返すようになり、少年院にも入れられます。

少年院を出たあとは「少年院出」というレッテルを貼られ、雇ってくれるところはどこにもありません。働きたくても働けず、金もなく空腹と寒さで思考力を失った彼は、とうとう取り返しのつかない大罪を犯してしまいます。

1959年、24歳の時、雨の中をある農家に泥棒に入り、衝動的に無抵抗の主婦を殺害、その夫にも重傷を負わせたのです。奪ったお金はわずか2千円でした。

まもなく逮捕された島秋人に「情状酌量の余地なし」として死刑が言い渡され、１９６７年小菅刑務所で死刑が執行されました。

享年33歳。

死刑囚となった彼は、よく子供時代のことを思い出します。惨めで辛いだけの人生でしたが、一つだけ忘れられない嬉しい記憶がありました。

それは中学の図画の時間でした。

彼が写生したお地蔵さんの絵を見て、吉田好道という図工の先生がみんなの前でほめてくれたのです。

「君には素晴らしい才能がある。この構図はすごい。いいか、このままでいいんだ。君は素晴らしいものを持っている。このまま伸びていくんだぞ。頑張れ」

それは彼のそれまでの人生で、ただ一度人から認められ、ほめられた栄光の記憶だったのです。

ほめられし　ひとつのことの　うれしかり

いのち愛しむ　夜のおもひに

島秋人は後に発刊されたその著『遺愛集』でこう歌っています。ほめられたという唯一の体験が、彼にとってどんなに大きく大切なものだったかを感じないわけにはいきません。死刑囚となった彼は荒涼とした気持ちの中で、このほめられた唯一の思い出にすがられずにはいられませんでした。

彼は吉田先生に手紙を書きます。

「先生に頑張れといわれたのに、とうとう死刑囚になってしまいました。すみません」という内容の手紙です。間もなく、吉田先生から分厚い返事の手紙が届けられました。なかに先生の奥さんからの手紙も添えられていました。

奥さんの吉田絢子さんは、地域で短歌の指導的な立場で活躍している人でした。

彼女は、島秋人に短歌を作ってみませんかと勧めたのです。この手紙が歌人・島秋人の機縁となったのです。

その後、彼の短歌はめきめき進歩し、毎日歌壇に投稿を始めます。それが選者の歌人・窪田空穂の目に留まり、毎日歌壇賞を受賞するまでになるのです。

短歌がきっかけとなり多くの人との交流が始まり、彼は人間としての澄んだ心を獲得していきます。島秋人は文通で知り合った友人に、次のような手紙を送っています。

「吉田先生のたった一言のほめ言葉が私を救い、私の人生を変えました」

死刑執行の前日、彼は次のような歌を歌っています。

この澄める　こころ在るとは　識らず来て
刑死の明日に　迫る夜温し

島秋人の絶唱です。

ほめることは、時には人の人生を変える大きな力を持ちます。リーダーはこのほめる力を知らなければなりません。

部下の心をとらえた「ほめ言葉」は、彼の心に一生残る宝となる

私にも忘れられない体験があります。

私がはじめて一人で管理職研修を担当したのは、今から約37年前、35歳の時です。

当時、私が勤務していた大手研修コンサルタント会社の法人事業部の部長をしていた韮原光雄氏より「やってみろ」と任されたのです。東京郵政局の管理職研修でした。東京郵政局は会社にとって大口取引先でしたので、駆け出しの私に任せることは大きなリスクであったはずです。しかし韮原氏はそのことには触れず、「情熱を持って、楽しんでやれば大丈夫。責任は俺がとる」と、私を励まし送り出してくれたのです。

前日はよく眠れませんでした。参加者が途中で帰ってしまう夢も見ました。

何度も内容を確認しました。

研修当日、人事の人に紹介されて参加者の前に立ったとき、喉がカラカラに乾いていました。よほど緊張していたのでしょう。第一声の「おはようございます」の声が、自分でもビックリするくらい大きかったのを覚えています。無我夢中の3日間でした。

質問にも答えられないときがありました。時間も大幅にオーバーしてしまいました。結果が心配でした。しかし、研修終了後、韮原氏は私を心からほめてくれたのです。「とても良い結果だったですよ。お客さんも喜んでいます。自信を持ってください。これからもお願いします」

そのときの嬉しさ、感動の気持ちは、今でもはっきりと記憶にあります。

この嬉しさがバネとなって、私も人材育成、能力開発の仕事に本格的に入っていくことが出来たのです。

リーダーはほめることの力を自覚し、部下の力を引き出すほめ方を学ぶ必要があります。部下の能力を限りなく引き出すことが可能となるはずです。

ポイント

上司なら部下の力を引き出すためにどんな「ほめ方」をすればよいか考える

5-3 部下を叱って半人前、ほめてやっと一人前

>>>人をほめるには相手に関心を持ち、長所に気づく能力が必要だ

部下の欠点は目にしやすく、叱ろうと思えばいつでも叱ることができます。一方、ほめるためには、いつも関心を持たなければ長所は見つけられず、しかも見つけた長所を認め、受け入れる度量も必要です。だからこそほめられた部下は、モチベーションを大いに高めることになるのです。

「1分間マネージャー」シリーズで有名なK・ブランチャード博士は「たいていの管理職は、人が間違ったことを行った場合、それを見逃さないことは得意である。しかし、部下を訓練する場合には、はじめから『勝者』に育てるべく訓練を施すのであるから、部下が100パーセント正しいことを行わなくても、おおむね正しいことを行えば、それを認めるということを心がけなければならない。100パーセント正しい行動とは、おおむね正

しい一連の行動の積み重ねである」と述べています。

たしかに人の間違いや欠点はすぐ目につきます。

そこでまずそこを指摘するということになるのですが、私はほめることの出来ない管理職の根底には、減点主義に対する崇拝があると思います。すなわち「人は短所や欠点を指摘し、厳しく鍛えるほうが育つ」という考え方です。

まだまだ生活が厳しく、変化も少ない時代には、足りない部分を見つけ、厳しく鍛え、足りない部分を埋め合わせていくという指導方法は、それなりに効果はあったと思われます。しかし今日のように経済的に豊かになり、日々変化する時代においては、むしろ一人ひとりの個性を見つけ、それを伸ばすという育て方の方が効果的です。

にもかかわらず、管理職から次のような声をよく聞きます。

「甘い顔などしていられない」――。

欠けている点を厳しく指摘することは、なんとなく人を育てている気がするものです。上司としては、やるべきことはやったと自己満足に浸ることができるのでしょう。

しかし、「育てる」という点からいえば、部下の意識の中で、何が起きているかということこそが大切なのです。いくら上司が欠けている点を指摘したとしても、部下の意識の中で「よしやろう」という前向きな動機づけが起きていなければ意味がないのです。

「厳しくやっているんだけど部下がなかなか育ってくれない」という管理職も多いようです。

しかし、こういう管理職と話して感じることは、思うように部下を育てられない責任を、当事者である部下に転嫁し、自分は単に言い訳をしているに過ぎないという点です。

部下は誰もが育ちたいと思っています。そして、部下を育てるのは、他でもない上司の仕事なのです。

本人さえも気づかない長所をほめ、それを認める度量の大きさを持とう

また「叱るのは難しいが、ほめるのはやさしい」とか、「ほめると図に乗る」という声も聞きます。これは「ほめる」と「おだてる」とを混同しています。

「おだてる」はお世辞を言って、相手を持ち上げることが目的であって、たぶんにウソが混じっています。これに対して「ほめる」というのは、相手の可能性を引き出すことが目的で、相手の長所をたたえることです。

ほめるためには、たえず相手に関心を持ちながら、相手を観察していて、ひょっとする

と**本人さえも気づいていない長所に気づいてあげ、それを伝えることが必要**です。それほど人の長所を見抜くのは、易しいことではないのです。さらに、管理職自身に人の長所を認めるという素直さや度量の大きさも求められます。

「ほめるのは照れくさい」という管理職にも、何人もお会いしてきました。なかには「私は口下手なので、うまくほめられないんですよ」という人もいます。

しかし、これらは上司の側の問題であって、部下の問題ではありません。ほめることが部下のモチベーションをいかに引き出すかを知らない人の言葉です。

また**ほめる時には、上手い言葉など使う必要はありません。感じたことをそのまま素直に言葉にすればいい**のです（次項参照）。

「いいい」と思ったら素直に「いいねー」と言ってみましょう。「すばらしい」思ったら素直に「なんてすばらしいだろう」と口に出してみることです。「素直さ」が言葉を引き出し、また「素直な言葉」が素直な気持ちを引き出してくれます。

シドニー五輪で優勝した高橋尚子選手は、彼女を育てた小出監督の育成方法を「小出マジック」と言い表しました。

「監督はとにかくほめてくれるんです。たとえタイムが悪くても『この部分はすばらしかったよ』『あそこでの走りはすごかったねー』と必ずほめてくれるんです。そうするとまた頑張ろうという気になるんですね」

想像してみてください。

もし、あなたがあなたの上司から来る日も来る日も心からほめ続けられたとしたら、モチベーションはどうなるでしょう。上がるか下がるか。逆に、来る日も来る日も上司から欠点を指摘され続けたら、おそらくモチベーションはあっという間に下がってしまうでしょう。「やってられない」という気持ちになるはずです。

リーダーは「減点主義」の呪縛から解放され、「加点主義」で部下の長所を見つけ、部下をドンドンほめるべきです。

ポイント

部下自身が気づいていない長所を探し出し、ほめるのが上司

5-4

とっておきの「ほめ言葉」

その時々で部下の心をとらえた短くもインパクトのある事例集

ほめ言葉に長文はいりません。たった一言でもいいのです。部下の心をとらえた言葉は、部下に喜びと誇りを与えます。その思いは、伝えてくれたあなたに、必ずはね返ってくるでしょう。あなたは部下に、どんな言葉をかけたでしょうか。印象に残ったほめ言葉を紹介しましょう。

人をほめる言葉にはたくさんの言い方があります。その人の置かれている状況、気持ちなどを考えて、もっとも効果的な言葉を選択するべきです。

私事で恐縮ですが、私にも言われて嬉しかった「ほめ言葉」があります。研修の参加者から「先生に出会えてよかったです」と言われると、心から嬉しくなります。言ってくれた人のために、何でもしてあげようという気になるものです。

先日、久しぶりに会った大学の同級生から「良い顔になったね」と言われました。少し歳を意識しましたが、今までの生き方を認められたようで気分が良かったです。

最近、とくに印象に残ったほめ言葉は、次のような言葉です。

部下の喜びを自分のことのように感じられる言葉――「よくやった」

新年休み明け、ＪＲ山手線内での出来事です。

渋谷駅からドカドカと乗客が乗ってきて、私の目の前に40歳ぐらいの管理職風の男性と、20代の男性が立ちました。きっと正月早々取引がうまくいったのでしょう。管理職風の男が若者の肩をたたきながら何度も何度も「よくやった。ご苦労さん」「本当によくやった」と喜びを伝えています。若者も心から嬉しそうです。「ありがとうございます。ホッとしましたよ」

ゲーテの有名な言葉に「悲しみは共にすると半分になる。喜びは共にすると倍になる」というのがあります。「よくやった」という言葉は部下の喜びを倍にする言葉です。そういえるかどうかは部下の喜びを感じ取れるかどうかにかかっています。

「そんなこと当たり前だ」

と言ってしまったら、部下の喜びはアッという間にどこかに飛んでいってしまいます。

それだけでなく、部下との間に人間関係の溝ができてしまうでしょう。

精一杯頑張って成果を挙げると、上司が自分のことのように喜んでくれる。その喜んでくれる姿見たさに、また頑張る。この繰り返しで、部下は意欲を高め成長するのです。

部下のモチベーションを高める言葉――「あなたしかいない」

仕事をこなすだけなら、代わりの人間は他にもいる。しかし、満足のいくレベルで結果を作れるのはあなたしかいないといわれれば、誰でも燃えます。


入社して、3年目のコンサルタントが一人で得意先を担当することになりました。彼は、自分を認めてもらう良い機会だと、クライアントの情報を何度も確認し、先輩に教えてもらうなど必死に勉強を続けました。ところが、ある時の会議で上司が他のスタッフの前で、こう言い放ったのです。

「他に誰もいないんだ。まあ、大丈夫だと思うがね」

この一言で、部下のやる気は地に落ちました。

人間にとって、自分の存在を軽く扱われることほど辛く惨めなことはありません。

「それじゃ、自分は何なんだ」と思うに違いありません。誰もが、自分は必要かつ重要な人間と思われたいのです。選択理論心理学によると、私たちは遺伝子に組み込まれた5つの基本的欲求によって行動するといいます（80ページ参照）。5つの欲求とは、生存、愛と所属、力、自由、そして楽しみです。

上司から「君は必要な人」「君は貴重なのだ」といわれると、部下としては「力」の欲求が満たされます。そして、モチベーションが高まるのです。だから上司としては「君しかいない。頼りにしているぞ。頑張ってくれ」といわなければなりません。

システム開発会社のA君は以前、出向の経験があります。そのとき上司から「会社の顔として行ってくれ」と言われ、その言葉が支えとなって、3年間の出向を前向きな気持ちで乗り切ることができました。部下の力の欲求を満たしたのです。

上司としての度量が問われる言葉――「ありがとう、あなたのおかげだ」

上司としての器の大きさが現れる言葉です。言えそうでなかなか言えません。

上司は部下が頑張ってくれて、はじめて自分の目標を達成することができるのです。自分のことしか考えていない度量の狭い人には使えない言葉です。

かなり前になりますが、NHKの「プロジェクトX・挑戦者たち」という番組が好きでした。「窓際族が世界規格を作った」〜VHS・執念の逆転劇〜をビデオで見直しました。日本人が初めて生み出した世界規格「VHS」。その快挙は、当時、弱小といわれていた家電メーカーの窓際族の技術者たちの「意地」の成果でした。

昭和45年、業界8位だった日本ビクターは、当時脚光を浴びつつあったビデオ事業に乗り出しますが、赤字続きでした。「1年やれば首が飛ぶ」とも言われた事業部長に任ぜられたのは高野鎮雄氏。高野氏は夢を捨てず、リストラ寸前だったわずか3人の技術者で極秘プロジェクトを結成。会社が撤退しようとしていた「新型ビデオ」の開発を、本社には一切報告せずに続けます。

そして5年の努力の末に完成させた「VHS」の技術を、高野氏は国内外のメーカーに惜しげもなく公開します。その、自社の利益を度外視した戦略が、VHSを世界規格に押し上げていったのです。

5年かけてVHSが完成した時、高野氏は寝食をともにした技術者たちを前に、何度も、深々と頭を下げました。

「ありがとう、みなさんのおかげです」

「ありがとう、本当にありがとう」

窓際族だった技術者たちの目から涙があふれ、拍手と歓声がわく。彼らの血の滲むような苦労が報われた瞬間です。「みなさんのおかげ」という言葉で、成果を作った功績は発信者から受け手に移り、そこに共有関係が生まれます。言われた人たちの心の中には、自信と誇りが生まれ、喜びは何倍にも膨らむのです。

部下に「皆さんのおかげです」と、なんども言ってみましょう。

一言で伝えたいすべてを伝える言葉――「ウイ・アー・ザ・チャンピオン」

2002年秋、東京丸の内に最高級ホテル「フォーシーズンズ」がオープンしました。オーナーは香港の大金持ち。総支配人はアメリカ人。総料理長はフランス人です。

開業をまじかに控えたある日、消防署員立会いのもとで、防火訓練が行われました。ここで許可が下りなければ開業は延びてしまいます。

実は、以前にも防火訓練が行われ、そのときには許可が下りていません。その後、準備を整え、練習を重ね、2度目の訓練に臨むことになったのです。

ここで、また許可が下りなければ、すでに通知済みの開業を大幅に遅らさざるを得ず、信頼を失うなどそのダメージは計り知れません。取り仕切りの一切を任されたのがフロアーマネジャーのF氏です。彼は、総支配人から何度も確認されます。

「大丈夫だろうね」

緊張の中、防火訓練が行われ、見事、消防署の許可が下りるのですが、そのとき総支配人がF氏に言った言葉がふるっています。

彼の手をとり高々と掲げながらこう言ったのです。

「ウイ・アー・ザ・チャンピオン！」

アイ・アム・ザ・チャンピオンでもなければ、ユー・アー・ザ・チャンピオンでもなく「ウイ・アー・ザ・チャンピオン」です。

「ウイ」という一言の中に、部下に対する信頼、感謝、部下との連帯、これから共にやっていこうという決意の全てが込められています。

「私たちメッセージ」はときには、たった一言で伝えたいすべてを伝えてくれます。

魂を揺さぶる言葉――「お前に任せた」

WBCは日本の劇的逆転勝利、優勝で幕を閉じました。

日本野球が世界一になった瞬間。日本中の人が、この感動を味わいました。

その裏には、栗山監督の選手の魂を揺さぶる言葉がありました。

日本の主砲、村上宗隆選手は強化試合から絶不調。しかし、それでも栗山監督は村上選手を使い続けました。

負けたら終わりのメキシコとの準決勝。1点を追って迎えた9回、土壇場で巡ってきた無死1、2塁の打席。この試合も、それまで村上選手はなんと3三振。ことごとくチャンスを潰してきたのです。ドロ沼を抜け出すどころか、さらに深みにハマっていくようにも見えました。

さすがに村上選手の頭にも弱気がよぎりました。

「送りバントか」

だが、その瞬間、ベンチから出てきた城石内野守備、走塁兼作戦コーチが伝えた栗山監督の言葉が、村上選手の魂を揺さぶりました。

「ムネ、お前に任せた。思い切っていってこい！」

「もう、やるしかない」と腹を括ったといいます。

そして殊勲のサヨナラ打。日本中が歓喜に包まれました。

アメリカとの決勝戦では1点をリードされた直後の2回、村上選手のWBC初本塁打が生まれたのです。

絶不調だった村上選手を使い続けた栗山監督。選手を信じて信じて信じ抜き、結果が出ず弱気になっていた選手に、最後に送った言葉が「お前に任せた」という言葉。

上司から最後まで信じてもらい、最後にこう言われたら、あなたならどうするでしょう。任せられる側に立ってみると、まさに魂を揺さぶる言葉、腹を括る言葉です。上司からすると、部下を100%信じる器の大きさを表す究極の言葉といってよいでしょう。

イザというとき、ぜひ活用してほしい言葉です。

ポイント

ほめ言葉はたった一言でもいい

5-5

ほめるところがない部下のほめ方

成果だけでなく、プロセスや成長をほめてやろう

ほめることが効果的なことはわかっているのに、上手に使いこなす人はあまりいません。結果だけに注目するのではなく、そこに至る過程での創意工夫、さらに部下の成長そのものをほめてあげましょう。ほめるところが見つからないというのは、リーダーとして人をみる目がないと言っているのと同じです。

管理職研修などで「ほめられるとやる気になる人」と聞くと、ほとんどの人が手をあげます。「では、ここ1～2ヵ月の間に部下をほめたことのある人」と聞くと、たいてい1～2割の人しか手を上げません。

かなり前になりますが、入社以来10年間ほめられた記憶がないという中堅社員にお目にかかりました。たしかに雰囲気も暗く、少々はすに構えたところがあります。研修中、自

ら発言することはまったくありません。

私は、彼の長所は何だろうと探してみることにしました。

何度か質問をしてみましたが、黙っているか「わかりません」とボソッと答えるだけです。かといって、不真面目なわけではありません。休憩時間中も誰かと話をするわけではなく、一人で何か考えごとをしています。

よく見ると、時々、本を読んでいます。

彼に聞いてみました。

「何の本を読んでいるのですか?」

「いえ、ちょっと」

「見せてもらっていいですか?　哲学書ですね」

「ええ」

「よく、勉強していますね」

「……」

彼の顔が、すこし和らいだように見えました。

ほめることが効果的であることは誰でも知っているのに、上手に使っている人は意外と少ないものです。

ほめることが難しいと感じるのは、前にも述べたように「減点主義に対する崇拝」や「照れくさい」などの原因が考えられますが、さらに、多くの管理職が、ほめるのは「成果に対してほめるもの」と考えていることにもよります。つまり、**結果が出るまでほめない**のです。これではほめる機会がないのは当然です。

たとえば、どこかの営業所の仕事を考えてみます。

営業にはいくつものステップがあります。まず、アポイントをとり、クライアントを訪問し、相手の要望を聞き、企画書を作ります。その後、再度訪問し、プレゼンをします。その間さまざまなやり取りを経て、うまくいけば成約ということになります。さらにフォローが積み重ねられて、リピート契約が繰り返されます。

ここでもし、上司が成約という結果にしか関心がなければ、それに至るまでの部下の行動は見えてきません。部下が成約に至るまでのプロセスでさまざまな行動をとり、チャレンジしているにもかかわらず、です。おそらく部下は長い間ほめられることはありません。

したがって、部下をほめるうえで大切なことは、結果だけでなく、その行動、そのプロセスをほめるのです。一つひとつの段階、その時々の行動をほめられることによって、部下は力強く、前へと進むことができるのです。

部下にほめるところがないというのは、人をみる目がないと言っているのと同じ

ある管理職からの相談です。

「部下のA君が日々の収支計算を担当しているのですが、毎日のように計算が合わないのです。どうしたらよいでしょう」

「どうしているのですか？」

「どうもこうもありません。しょっちゅう叱り飛ばしています」

「では、彼の計算が合っている時にはなんて言っていますか？」

「何も言いませんよ。合うのが当たり前なんですから」

「これから3週間でいいですから、彼の計算が合っているときに、ほめてあげてください。いいですね」

「なんて言えばいいんですか」

「ただ、合っていたね、とだけ言えばいいんです」

それから彼はA君が間違わなかった時には、必ず「計算合っていたね」と言うようにし

たのです。

実際に、1ヵ月ほどたつ間に、間違いはほとんどなくなりました。

部下のすばらしい成果だけをほめるのではなく、そのための行動や、成長そのものをほめるのです。

以前に、こういう管理職がいました。

「ほめるところが見つからない部下がいるんですが、どうしたらいいですか？」

というのです。

「本当にほめるところがないのですか？」

と、思わず彼の顔をジッと見つめてしまいました。

私は、ほめることのない人などいないと思います。何かしらの長所や取り柄は必ずあるものです。もし、本当にほめるところが見つからないとしたら、自分の人を見る目を疑ってみたほうがいい。それでも、どうしても、ほめるところが見つからなければこう言ってみましょう。

「**あなたがいるおかげで、助かっています**」

その人の存在そのものを承認するのです。

ほめることは、リーダーの義務であるととらえると、人に対する見方が変わってきます。

ポイント

結果が出なくても経過をほめる、あるいは存在そのものを承認する

5-6 部下に考えさせる話し方

答えを教えるから部下は育たない

部下は、常に上司に答えを求めてきます。「どうしたら成果が出ますか？」「もっと伝わるにはどうしたらよいですか？」「どう思いますか？」――。そこで部下思いの上司は自分の体験からいろいろと教えます。それが上司の仕事だと思っているからです。すると教えてもらった部下はまた聞いてきます。

このようにして、自分で考えない主体性のない受動的な部下が出来上がっていくのです。上司は部下から感謝され、上司の仕事をしたと満足感に浸ることはできますが…

私は現在人材教育会社アチーブメント株式会社の首席トレーナーとして自ら研修をしながら、トレーナーすなわち講師を育てています。特にメイン事業である公開研修の講師を育成することに心血を注いでいます。

公開研修ではどうしたら目標達成できるのかという目標達成の技術を受講生にお伝えしています。

私の担当する体験型研修では毎回参加者が１００名を越える方が全国から参加してくださいます。若い人は20歳から上は70歳を超える方まで、職業はバラバラです。会社経営者がもっとも多いでしょうか。会社の社員さん、お医者さん、弁護士さん、学校の先生、税理士さん、個人事業主、時には芸能人、スポーツアスリート、政治家の方も参加します。あらゆるご職業の方が参加してくださるといってよいでしょう。

年齢も、職業も、経験も全く違う受講生に対して３日間、目標を達成し、ご自分の願望を実現するにはどうしたらよいのかを、徹底的に考えてもらいながら研修をリードしていきます。

私は人材教育の研修トレーナーを40年やってきました。公開研修だけでも受講生は25万人を超えています。

そして、研修講師も沢山育ててきました。

以前の私の育て方は私の中にある答えを教えることでした。

たとえばあるプログラムについて、その意図、進め方、伝え方、引き出し方などを逐一教えていました。そしてマニュアルを徹底して読ませていました。

部下から質問が来ると丁寧に説明し、教える。部下が納得し、時には感心してくれます。

「佐藤さん、良くわかりました、さすが凄いですね」

そんな言葉をもらうと嬉しかったものです。しかし、いつになってもこの繰り返しです。

答えを教えられた部下はまた聞きに来ます。そして、うまくいかないと「佐藤さんに教えられた通りにやったんです」と責任を転嫁してきます。

要は自分で考えません。そのようにして育てた講師は必ず途中で行き詰まり、成長が止まります。

言われた通りにはやりますが、考える思考力が鍛えられていないので、研修を自分で作ることができません。

考えてみれば、私は前公開研修というものは何度か受けたことはありますが、トレーナーになるにあたって誰かに教えられたという経験がありません。すべて自分で考え工夫し、内容を変え、精査しまた工夫するの繰り返しでした。

上手くいかないことも沢山ありました。受講生から「つまらない」と言われたり、「納得できません」と言われたこともあります。

どうしたら伝わるんだろう、どうしたらわかってもらえるんだろう。悩みは尽きませんでした。その中で様々な気づきを得てきました。

・自分の体験が一番伝わる
・楽しくなければ人は心を開いてくれない
・いかに笑わせるかが肝心
・親近感こそ大切
・自分の成功談よりも失敗談の方が人に勇気を与えられる
・自分の家庭の話、部下の話などどんどん話す
・自分の人生をさらけ出してすべてを与える
・恰好つけない
・偉そうにしては絶対ダメ、など。

100人以上の様々な参加者に同時に気づきを与え、価値を提供し、満足していただく

のは並大抵のことではありません。こうしたら上手くいくという正解があるわけでもありません。その都度研修現場で受講生を観察し、発言や動きを捉え、工夫を重ねていきます。その時に最も必要なのは場の空気を読む力と、考える力です。

「守破離」という言葉があります。茶道や歌舞伎、剣道などの芸能や武道における師弟関係の在り方の一つで、それらの修行のプロセスを表したものです。

講師育成もこのプロセスに似ています。

「守」とは基本の型を身につける段階
「破」はその型を破って応用する段階
「離」それらに創意工夫を加え、自分独自のものを追求する段階

大切なことはあらゆるプロセスで自分なりに考えさせることです。なかには講師マニュアルを徹底して暗記する人もいますが、あまりお勧めできません。

「なぜ、そうなっているのか?」――**自分で徹底して考えなければ基本も身につかない**のです。

現在の私の講師の育成の仕方はできる限り、教えずに答えを言いません。とにかく考え

させます。

私がやっているのを何度も見せ、そしてやってもらいます。多用する質問は「どう思う？」です。

マニュアル通り言えました、という人がいますが、微妙なニュアンス、言い方、強弱、間などが今回の研修の場の空気に合っていないかもしれません。


講師候補生が自分なりに工夫しうまくいったときは、

「よくやりました！　素晴らしい！」

と心から賞賛します。

育成の醍醐味は候補生が自分なりに考え、工夫してきたことが見えた時です。これに勝る喜びはありません。

私は、いま私が行っている公開研修はまだまだ未完成だと思っています。何十年経っても完成するということはないでしょう。

候補生にやらせてみて、私よりも素晴らしいと思う部分は積極的に共有化して取り入れていきます。これに対して候補生がチャレンジをしうまくいかなかったときは、

「今一つだったね。また工夫してみよう！　ナイストライ！」

と承認と励ましを与えます。

ポイント

部下に主体性を身につけさせるためには途中で教えず自分で考えさせる

5-7

いまこそ「ビジョン」を語れ！

部下の目を未来に向けさせれば意識と行動は大きく変わる

上司が暗い顔をした部署が成果を残せるはずはありません。部下は日々の仕事に追われ手一杯かもしれませんが、だからこそ部下に将来の夢を語りましょう。仕事、部署、会社の目標が明確であればあるほど、部下はやる気になるものです。いまこそ上司は情熱をもって夢を語る必要があります。

あなたが今までの人生の中で何かに夢中になったのはどんな時でしょう。

私は小さい頃、プロ野球選手になりたかった。

私が生まれて育ったのは北海道網走郡東藻琴村字福富。農家を営む50軒ほどの貧しい寒村でした。ちょうど、テレビが普及し始めた頃で、家にはじめてテレビが届いた時の感動は今でも忘れません。とりわけ、プロ野球には夢中になりました。私は長島選手の大ファアンでした。

ここぞというときに必ず期待にこたえてくれる勝負強さ、華麗なパフォーマンス、天性の明るさ。野球選手になりたくて、学校から戻ると、近所の友達を集め、暗くなってボールが見えなくなるまで野球をしたものです。穫り入れの終わった畑はグラウンドに早代わり。時間が経つのも忘れました。

頭の中は野球のことで一杯。ただただ夢中でした。

その後、ビジネスマンになった後も、時々、私の頭の中に浮かぶ思いがあります。それは、「もし、あの子供の時と同じくらいの夢中さで、この仕事に取り組んだら、果たしてどれくらいのことが可能だろうか」というものです。

人はビジョンや目標が明確であればあるほどやる気になり、前向きになれます。

ビジョンや目標のない人生は死んでいるのと同じです。

前にも述べましたが、私はNHKの「プロジェクトX～挑戦者たち～」という番組が好きで必ず見ていました。登場人物のほとんどはサラリーマンの技術者です。

時には時間を忘れ、寝食を忘れ、家族と離れてさえも、彼らを開発に取り組ませるものは何か。一言で言うなら「執念」。すなわち、夢、ビジョンの実現に対する想いです。

フランスの哲学者エミール・アランは「人は目標を立て、それに向かって創意工夫することが最高の幸せだ」と語り、心理学者のフランクルは「人が真に求めているのは、緊張のない状態ではなく、目標に向かって全力を尽くすことであり、それがその人にとって価値があることだ」と述べています。

ナチスのアウシュビッツ収容所での出来事です。そこで収容されている人たちは、死と隣り合わせの極限状態の中で、助かることだけを目標に、必死で生き抜いていました。ところが皮肉なことに、ナチが敗れ、「自分たちは助かる」と聞かされた後、彼らは次から次へと死んでいったそうです。目標が突然になくなってしまったからです。

あなたの部下は日々の仕事に追われ、目先の処理で手一杯かもしれません。いつもいつも足元の地面ばかりを見て走っている状態かもしれません。そんな状態でただ「やれ」といわれても、部下は命じられた仕事の意味もわからず混乱するだけです。

明確なビジョンは結果だけでなく日々の行動にも変化をもたらす

上司の役割は部下にビジョンを語り、部下のビジョンは何かと問いかけ、時には部下の目を未来に向けさせることです。

「3年後、この仕事でこんな結果を作ってゆこう。そしてこのセクションをこのようにしてゆこう」

「そのためにもあなたには将来こんな風になってもらいたい」

「あなたの夢は何ですか？」

「それを、ぜひ実現してもらいたい」

情熱を持って語るのです。

次のようなたとえ話があります。

＊　＊

ある旅人がエジプトの広大な砂漠を旅しました。

灼熱の太陽が降り注ぐ中、ある職人が一生懸命レンガを積み上げていました。旅人は彼に聞きました。

「何をしているんですか？」

彼は答えました。

「レンガを積んでいるんです」

「そうですか。頑張ってください」

旅人の旅は続きました。

さらに行くと、また別の職人が同じように炎天下の中でレンガを積んでいました。さっきの職人よりも生き生きしているように見えました。旅人は聞きました。

「何をしているんですか？」

彼は答えました。

「建物を建てているんです」

「そうですか。頑張ってください」

旅人の旅はさらに続きました。

するとまた別の職人がレンガを積んでいました。

溌剌としており、一人目と二人目の職人とは目の輝きもその情熱においても違いは明らかでした。旅人は聞きました。

「何をしているんですか？」

彼は誇らしく答えました。

「私はエジプトの文化を作っているのです」

＊

＊

どんなビジョンを持つかは、作り出す結果はもちろん、日々の行動の質にも影響を与えます。

一時の苦境から業績を著しく回復させた伊藤忠商事の丹羽宇一郎社長（当時）は次のように語っています。

「今こそ、上司は部下に夢を語る必要がある。上司が暗い顔をしている部門が成果を出せるはずがない。今年の伊藤忠商事の社内報では、私の提案で、部長が４人ずつ自分の夢を語ることにしたんです」（日経ビジネス・２００３年1月27日号）

部下にビジョンを語り続けましょう。

部下の意識と行動に必ず大きな変化があらわれるはずです。

ポイント

未来に目を向けさせるためにビジョンを示す

column
上司の心得

部下に感動を伝える話し方

心からの感謝の気持ちは、相手の心に感動となって伝わる

松下電器（現パナソニック株式会社）では毎年、1月10日に経営方針発表会を行っています。昭和53年の発表会は、特に意義深い日でした。創業60周年を迎えたからです。

会場には社員、関系会社の人たち、協力会社の人たち約千人が参加しました。その出席者の人たちを前に、松下幸之助は次のような挨拶をしました。

「今から60年前に松下電器を創業した時は、わずか3人でした。60年後の今日では6万人をこえる人数になっています。関係会社を含めると15万人になっています。これだけの人たちが、みんな松下電器でお仕事をしているのかと思うと、私としては夢のようです。

60年といいますと、人間ですと還暦ということで、また原点に戻って一からやり

直すという習わしがあります。松下電器も本日もう一度原点に返って、15万人から再出発するのです。この次の60年に私はもういないでしょう。皆さんもいないでしょう。しかし、発展したその姿は途方もつかないくらいになっていると思います。私はこの60年間にこれだけの仕事をしてくださった皆さんに、心からお礼を申し上げます」

幸之助はそう言うと、演壇から前に歩み出て深々と三方に向けて頭を下げた。

「みなさん、どうもありがとう」

「みなさん、どうもありがとう」

「みなさん、どうもありがとう」

幸之助が頭を下げるたびに、会場からは大きな拍手がわきあがった。(「松下幸之助・感動のエピソード集」ＰＨＰ総合研究所)

素直な幸之助の感謝の心が会場に深い感動を与えたのです。涙を流す参加者も多かったといいます。時に、松下幸之助84歳。

和歌山の農家の三男として生まれ、学歴も資力もないところから、松下グループを世界的企業にのし上げた経営者の、心からの感謝の言葉でした。

部下よりも自分の方が偉いと思っている上司は多いものです。「オレがオレが」と利己的な考えをする上司もいます。しかし、**部下がいるからあなたは上司なのです。部下がいるから、あなたは上司としての仕事ができるのです。**

＊　＊

あなたのほうこそ部下に感謝しなければなりません。時には、部下の前で深々と頭を下げて感謝を伝えてみましょう。

「みなさん、どうもありがとう」と。

心からの感謝の気持ちは、相手の心に感動となって伝わるはずです。

■佐藤　英郎（さとう　えいろう）

北海道出身。明治大学法学部卒業後、同大学法制研究所を経て研修コンサルタント事業に40年携わる。現在、アチーブメント株式会社相談役・主席トレーナー。アチーブメントHRソリューションズ株式会社取締役。

LOUIS VUTTON、キリンビール、ネスレグループをはじめ250社以上の研修実績を持つ。受講生は延べ25万にものぼる。

リーダーシップ理論、ビジネスコーチング、選択理論などを組み合わせた卓越した指導内容は、多くの企業、参加者の高い評価を得ている。国際コーチング連盟（ICF）マスター認定コーチ。

著書に『プレイングマネジャーのための新図解コーチング術』『実践！プロの教え方』『毎日５分　すごい！スクワット』（以上、アーク出版）、『殻を破れば生まれ変われるかもしれない』『キッズコーチング』『人生が変わる瞬間』（以上、アチーブメント出版）ほか多数。

上司は話し方が９割

2023年5月30日　初版発行

■著　者　佐藤　英郎
■発行者　川口　渉
■発行所　株式会社アーク出版
〒102-0072　東京都千代田区飯田橋2-3-1
東京フジビル3F
TEL.03-5357-1511　FAX.03-5212-3900
ホームページ　http://www.ark-pub.com
■印刷・製本所　新灯印刷株式会社

ISBN978-4-86059-238-7